엄마의 질문력

아이의 문해력, 사고력, 표현력을 키우는 질문 독서법
엄마의 질문력

ⓒ 김다정 2025

인쇄일 2025년 7월 29일
발행일 2025년 8월 5일

지은이 김다정
펴낸이 유경민 노종한
책임편집 구혜진
기획편집 유노라이프 구혜진 **유노북스** 이현정 조혜진 권혜지 정현석 **유노책주** 김세민
기획마케팅 1팀 우현권 이상운 **2팀** 이선영 최예은 전예원 김민선
디자인 남다희 홍진기 허정수
기획관리 차은영
펴낸곳 유노콘텐츠그룹 주식회사
법인등록번호 110111-8138128
주소 서울시 마포구 동교로17안길 51, 유노빌딩 3-5층
전화 02-323-7763 **팩스** 02-323-7764 **이메일** info@uknowbooks.com

ISBN 979-11-94357-20-9 (13590)

- ─ 책값은 책 뒤표지에 있습니다.
- ─ 잘못된 책은 구입한 곳에서 환불 또는 교환하실 수 있습니다.
- ─ 유노북스, 유노라이프, 유노책주는 유노콘텐츠그룹의 출판 브랜드입니다.

엄마의 질문력

아이의 문해력, 사고력, 표현력을 키우는 질문 독서법

김다정 지음

유노라이프

· 프롤로그 ·

엄마의 질문이
아이의 독서 습관을
결정합니다

"책은 읽었는데, 내용을 모르겠대요."
"아이와 함께 책을 즐겁게 읽고 싶은데, 어떻게 해야 하나요?"

사교육 좀 한다는 학군지 학부모들의 얼굴에 그늘이 드리워졌습니다. 처음에는 책을 읽고 나서 아이와 의미 있는 대화를 하고 싶었다고 이야기합니다. 아이에게 "이 책 재미있었어?"라고 물어보자 돌아오는 대답은 "몰라요"라는 한마디. "어떤 내용이 재미있었어?"라고 되묻자 "글쎄요"라며 고개를 숙이는 아이들.

그동안 강남과 평촌 지역에서 초등 독서 강사로 지내며 만난 학부모들의 교육열은 정말 뜨거웠습니다. 그런데 아이들의 읽는 힘을 끌어내며 교육 효과를 본 학부모들은 손에 꼽았습니다. 책장을 덮은 뒤, 제가 던지는 질문에 침묵으로 일관하는 아이들을 보며 무엇인가 잘못되었음을 직감했습니다.

독서는 엄마의 질문에서 시작된다

독서 강사의 첫걸음을 내디뎠던 강남의 유명 교육 기관에서의 경험을 떠올려 보았습니다. 그곳에서는 아이에게 책을 단순히 읽게 하는 것이 아니라 교사와 아이가 '질문'으로 대화를 이어 갔습니다. 꼬리에 꼬리를 무는 질문은 아이의 상상력에 씨앗을 심고, 생각을 키우고, 글을 쓰고 세상을 이해하는 힘으로 이어졌습니다. 그 순간은 저에게 감동스러운 시간이었고, 아이들에게는 말과 글이 자라는 시간이었습니다.

이런 시간이 지속되자 엄청난 변화가 나타났습니다. 책을 펼치기 전부터 읽는 중, 마지막 장을 덮은 뒤에도 아이들의 머릿속에는 상상의 나라가 펼쳐지고 질문이 터졌습니다. 아이들은 그저 '읽기'를 한 것이 아니라 책과 대화를 시작했습니다.

그때 알게 되었습니다. 아이들이 스스로 읽는 힘을 꽃피우기 위해선 단순히 읽기만 반복해서는 안 된다는 것을요. 책에 적힌 글자를 읽고 스스로 생각하며 대화를 나누고, 스스로에게 질문을 던질 수 있을 때, 진짜 독서가 시작됩니다. 어린 시절 학습지와 문제 풀이만 한 아이는 초등학교에 들어가 글을 읽는 재미를 찾지 못합니다.

아이와 함께 책을 읽고 대화를 나누고 싶어 하지만 어떤 질문부터 시작해야 할지 모르는 분들이 많습니다. "책 속의 한 장면으로 여행을 떠난다면 가고 싶은 페이지를 펼쳐 줄래?"라는 질문으로 시작해 보세요.

아이가 스스로 책을 펼치는 순간, 엄마와 아이의 이야기꽃이 시작됩니다. 그 페이지는 아이가 가장 인상 깊었던, 기억하고 싶은 한 장면입니다. 엄마가 그 이야기에 귀를 기울여 주고, 아이의 말에 차분히 공감해 주었을 때 변화는 서서히 시작됩니다.

이제는 자신합니다. 수십 권의 책을 읽는 것보다 단 한 권이라도 제대로 읽고 깊이 생각하는 경험이 아이의 읽는 힘을 끌어올립니다. 책 속 이야기에 대한 엄마의 짧은 질문이 아이의 문해력과 표현력, 사고력을 키웁니다. 엄마가 아이에게 어떤 질문을 던지느냐에 따라 읽는 힘은 천천히 그리고 단단하게 자라납니다.

엄마와 아이가 함께 찾는 진정한 독서의 의미

이 책은 엄마가 어떻게 질문해야 아이의 독서력이 강해지는지 다양한 예시를 들어 설명합니다. 무엇보다 아이가 책을 사랑하고 책과 함께 커 나갔으면 하는 바람을 담았습니다. 교실에서 나눈 질문 독서법을 토대로 바쁜 일상 속에서 엄마의 언어가 아이 독서의 뿌리가 되는 방법을 말하고 싶었습니다. 꾸준히 엄마와 대화를 나누며 성장한 아이들은 어떠한 상황에도 흔들리지 않는 단단한 나무로 자란다는 마음을 전하고 싶습니다.

엄마의 질문은 아이가 세상을 해석하는 마음의 뿌리가 됩니다. 책 속의 글에 담긴 의미를 제대로 이해하지 못한다면, 세상 또한 이해할 수 없습니다. 책을 아무리 많이 읽어도 그 의미를 신나게 받아들일 줄 모른다면, 세상은 그저 회색빛으로 보일 뿐입니다.

효율적인 독서가는 끊임없이 책과 대화를 나눈다고 합니다. 저는 어른이 된 지금도 책을 읽고 저만의 언어로 기록하며 생각을 정리합니다. 아이가 이런 습관을 가질 수 있도록 도와주세요. 엄마와 함께 나누는 독서 대화 속에서 아이는 조금씩 자신만의 언어를 만들어 갑니다. 그것이 독서력을 키우는 첫 시작입니다.

이 책을 읽으며 아이가 책에 관해 이야기할 때 서두르지 않고 귀를 기울이는 연습을 해 보세요. 그리고 아이의 말에 적극적으로 호응해 주시길 바랍니다. 아이가 좋아하는 손때 묻은 책 한 권을 두고 《엄마의 질문력》에 나온 질문 예시를 하루에 하나씩, 10분씩만 대화를 나눠 보세요.

저는 수업 시간에 아이와의 대화가 길어지면 시간상 방향을 틀어야 하지만, 가정에서는 질문의 제한이 없습니다. 그동안 경험한 수많은 상담 사례와 수업 시간의 틀에서 아쉬움을 느꼈던 한 강사의 마음과 열정을 이 책에 담았습니다. 부디 책과 나누는 대화의 씨앗이 여러 가정에 싹트며 읽는 즐거움이 커

지길 바랍니다. 책을 덮고 난 뒤 엄마와 아이 사이에 단 한 줄의 말이라도 따뜻하게 오가는 시간이 되길 바랍니다.

  마지막으로 이 책을 쓰겠다고 다짐한 순간부터 지금까지 긴 여정을 함께 지켜봐 준 부모님과 가족들, 큰 힘이 되어 준 정경미(로미) 작가님, 언제나 제 곁에서 저를 믿고 응원해 준 남편에게 깊은 사랑과 감사를 전합니다.

초등 독서 강사
김다정

차례

프롤로그 엄마의 질문이 아이의 독서 습관을 결정합니다 • 004

1장
아이가 책을 읽고
한숨부터 쉰다면
엄마의 질문력이 필요한 순간

책을 재미있게 만드는 엄마의 질문 • 017
"어떤 말부터 해야 할지 모르겠어요" • 024
질문을 던지고 기다리는 시간 • 031
질문에 긍정 에너지를 심는 법 • 038
'만약에' 질문으로 이어진 기적 • 044
질문을 부담스러워하는 아이의 속마음 • 052
아이의 엉뚱한 대답 그대로 즐기기 • 059

2장
단어의 뜻만 묻던 아이, 이제 달라졌어요
엄마의 단어 하나 질문법

'이거, 그거, 저거'의 함정 • 069
날씨로 표현하는 '감탄'의 의미 • 075
아이 머릿속 어휘 퍼즐 맞추기 • 082
엄마의 언어로 아이에게 질문하기 • 088
국어사전, 오늘의 단어 영양제 • 096
'희생'에서 '봉사'까지, 덧붙이기 질문법 • 103

3장
책 속 한 장면, 아이 마음에 남게 하려면
엄마의 장면 하나 질문법

기억은 문장이 아닌 장면으로 남는다 • 113
등장인물과 친구가 되는 순간 • 119
글에서 느끼는 소리와 냄새 • 126
우울한 마음은 회색, 잔잔한 마음은 초록색으로 • 133
'내가 주인공이었다면 어떻게 했을까?' • 140
책이 끝나도 이야기는 계속된다 • 146

4장

엄마의 질문이
아이의 문장이 되는 순간

엄마의 문장 하나 질문법

질문으로 열고 글쓰기로 닫는 독서법 • **155**
글쓰기의 시작은 '만만한 한 줄'로 • **161**
엄마는 채점하는 사람이 아니에요 • **167**
즐거운 질문이 재미있는 문장을 부른다 • **174**
매일 다른 루틴으로 질문하세요 • **181**
조용하지만 꾸준히 하는 힘 • **187**

5장

기다려 주는 엄마,
책 읽는 아이

엄마의 질문력을 키우는 법

호기심, 아직 아이 안에 있어요 • 195
"우리 엄마는 답정너예요" • 202
비교와 조바심 내려놓기 • 208
아이 속도에 맞는 우리 집 독서법 • 214
초등 고학년을 위한 읽기의 기술 • 221
엄마의 감정, 아이 귀로 저장됩니다 • 228
추천 도서, 중요하지 않습니다 • 235
'1등이 읽는 책'은 없다 • 242
아이의 진짜 속마음을 마주하는 시간 • 248

에필로그 아이에게 다정한 한마디를 건네주세요 • 255
참고 도서 • 260

1장

아이가
책을 읽고
한숨부터 쉰다면

엄마의 질문력이 필요한 순간

책을 재미있게 만드는 엄마의 질문

"그냥 그래요."
"잘 모르겠는데요."

책을 읽은 아이의 말입니다. 엄마는 무언가를 잃어버린 듯한 허탈감을 느끼며 당황합니다. 엄마가 아이와 대화를 나눠 보니, 아이의 생각이 정리되어 있지 않아 보입니다. 책의 흐름을 잘 이해했는지, 느낀 점을 조금 더 풍부하게 표현할 수 없는지 엄마는 아쉬움만 남습니다. 좀 더 깊은 대화를 시도하려고 해도 피곤해 보이는 아이 얼굴을 보니 더 대화를 이어 나가기 어렵습니다. 학원에서는 선생님과 이야기를 잘 나눈다고 하는데, 집에서의 대화는 왜 이어지지 않을까요?

아이들은 책을 읽는 순간에도 엄마와의 대화를 기다리고 있을지 모릅니다. 책 속의 신기한 장면이나 모르는 단어가 나오면 묻고 싶고, 주인공의 행동을 보며 누군가에게 털어놓고 싶은 마음이 있습니다. 그 마음을 끌어내는 누군가가 없다면, 아이는 곧 말하기를 멈춥니다. "이건 무슨 말이야?"라고 물었을 때, "그것도 몰라? 예전에 얘기했잖아"라는 말을 들은 아이는 더 이상 질문하지 않습니다.

가끔 학부모 상담을 하다 보면 "우리 아이가 이런 말을 했다고요?"라며 깜짝 놀라는 분들이 계십니다. 집이 아닌 학원에서 아이가 말을 잘 하는 이유는, 책을 읽고 대화를 나누는 시간에서 '즐거움'을 느꼈기 때문입니다. 점점 신나 하는 아이의 모습을 보고 '언제 이렇게 표현력이 늘었지?'라는 생각을 합니다.

엄마의 질문이 아이의 생각과 의지를 끌어올려요

아이에게 독서는 단순히 글자를 따라가는 행위가 아닙니다.

그 안에 담긴 인물의 감정, 갈등 상황 등을 이해하고 나의 경험에 비춰 생각하는 시간입니다. 생각을 말로 꺼내보고 누군가와 나눌 때 아이의 생각은 더욱 구체화됩니다. 이 과정은 아이의 생각하는 힘을 기르는 데 매우 중요한 시간입니다.

독서로 아이의 표현력을 기르는 방법은 사실 정말 간단합니다. 아이가 이야기를 꺼낼 때 "그렇게 생각했구나.", "왜 그렇게 생각했는지 좀 더 이야기해줄래?"라고 답하면 아이의 눈빛이 서서히 달라집니다. 자신이 생각한 내용을 소중히 여기는 누군가의 마음은 "내가 정말 멋진 생각을 했구나!"라는 자신감과 학습 의지를 끌어올립니다.

책을 읽고 이야기 나누는 즐거운 경험이 쌓이면 아이는 책 속의 이야기를 더욱 궁금해하고 자연스럽게 다른 책에 관심을 보입니다. 엄마 역시 아이와의 대화 속에서 아이의 관심사를 알게 되고, 이와 연결된 책을 고르며 이야깃거리가 생깁니다. 공룡이 궁금한 아이에겐 과학 동화도 좋지만 이야기 속에서 공룡이 움직이는 창작 동화가 더 오래 기억에 남을 수 있습니다. 도전을 두려워하는 아이에겐 꿈을 향해 나아가는 위인전이 더 울림을 줄 수 있습니다.

교사와 부모가 진심으로 바라는 것은 아이 안에서 '읽고 싶다'라는 마음이 스스로 피어나는 것입니다. 그 마음이 자랄 때 비로소 진짜 읽기가 시작되기 때문입니다. 아이의 말을 경청하면 아이에게 맞는 책을 고를 수 있고, 그 책은 다시 새로운 대화를 불러옵니다. 아이의 관심사에서 출발한 대화는 읽기 과제가 아닌 자기의 이야기로 바꿔 말하는 즐거운 경험이 됩니다.

아이의 말이 끝나기 전, 판단하지 않는 대화가 중요하다

집에서 책을 읽고, 엄마와 아이의 대화가 잘 이어지지 않는다면 아이의 대답이 끝나기 전 엄마가 판단하는 말을 했을 가능성이 있습니다. 아이가 꺼낸 말이 엄마의 생각에서 벗어나 엉뚱하게 느껴지면 있는 그대로 인정하기 쉽지 않기 때문입니다.

하지만 아이에게는 누군가가 자신의 생각을 들어주고, 자신의 말을 먼저 판단하지 않는 경험이 필요합니다. 아이의 말에 '맞다, 틀리다'를 먼저 판단하지 않는 태도가 아이의 말문을 여는 열쇠입니다. 그래야 아이가 엄마와의 대화가 재미있고 안

전하다고 느낍니다. 엉뚱한 말도 꺼내고 생각을 정리하며 표현을 확장시킵니다. 읽기 능력은 자신 있게 말하고 상대방의 언어를 듣는 과정을 통해 조금씩 자라납니다.

대화는 그냥 흐르지 않습니다. '공감'이 있어야 대화가 흐릅니다. 판단하지 않는 대화는 아이의 기분을 단순히 맞추는 것이 아니라 아이 생각을 확장하고, 이해하는 과정입니다. 중요한 것은 아이가 안전한 분위기 속에서 엄마와의 대화를 통해 '마음껏 생각해도 된다', '나는 말할 수 있다'라는 감각과 자신감을 스스로 배워 나간다는 점입니다. 이 감각이 한 번 생기면 아이는 스스로 책을 고르고, 질문하며, 세상을 바라보는 눈을 키워 갑니다. 그러다 보면 어느 날 "우리 아이가 이렇게 말한다고?"라며 자기 생각을 꺼내는 아이를 마주할 수 있습니다.

아이가 글을 읽기만 해서는 제대로 책을 읽었다고 말할 수 없습니다. 읽은 내용을 한번 더 생각해 보고, 자기 말로 표현하는 시간이 필요합니다. 그 시간을 만들어 주는 것은 바로 '엄마의 질문'입니다.

엄마와 교사가 아이와 책의 이야기 속으로 함께 걸어 들어간다면, 지금보다 더 멀리 갈 수 있습니다. 책을 덮고, 아이를 바라봐 주세요. "지금 당장 말하지 않아도 괜찮아, 천천히 같이 생각해 보자"라고 말을 건네주세요. 그 순간, 잃어버린 대화는 다시 시작됩니다.

자신감과 재미를 더하는 단어 카드 놀이

1. 단어 카드 놀이 목적
책에서 중요한 핵심 단어를 알아보고 이야기 구조를 익힙니다. 고른 단어를 활용해 이야기 흐름대로 배열해 사건의 구조를 파악합니다.

2. 단어 카드 놀이 방법
카드 앞면에 책에서 중요한 단어, 인상 깊은 단어를 골라 씁니다. 예를 들어, 《으뜸 헤엄이》라는 책을 읽었다면 '으뜸', '외톨이', '느릿느릿', '숨기', '용기' 등의 단어를 떠올려 카드 앞면에 적습니다. 카드 뒷면에는 "외톨이: 바다 속 구석에 으뜸 헤엄이의 마음을 표현했어", "용기: 으뜸 헤엄이가 물살을 거슬러 올라가기 시작했어"처럼 단어의 뜻을 쓰거나 단어를 사용해 만든 문장을 적습니다.
카드를 섞은 뒤 이야기 흐름(으뜸 헤엄이 → 외톨이 → 숨기 → 용기)별로 단어의 순서를 맞춥니다.

예시 으뜸 헤엄이는 외톨이처럼 바다에 숨어 있었어요. 하지만 어느 날 용기를 내서 물살을 거슬러 올라가 헤엄치기 시작했어요.

"어떤 말부터
해야 할지
모르겠어요"

"무슨 질문부터 해야 할지 모르겠어요."
"우리 아이는 엄마랑 이야기하는 거 별로 안 좋아해요."

얼마 전 학부모 상담을 했을 때의 일입니다. 초등학교 3학년에 올라가는 다은이가 조금씩 책에 대한 흥미를 보이자 저는 "어머니, 집에서도 책에 대해 엄마와 대화를 나누는 시간을 가지면 좋을 것 같아요"라고 답했습니다.
그러자 다은이 어머니는 한숨을 푹 내쉽니다. 맞벌이로 아이와 함께 대화할 시간이 손에 꼽기 때문입니다. 퇴근 후 저녁 식사 시간 이후에나 잠깐의 시간이 있지만 제대로 활용하기 어렵습니다. 아이가 학원에 갔다가 집에 돌아오면 너무 피곤해서 도통 엄마에게 말을 걸지 않는다고 합니다. 집에서도 책을 읽고 도와주고 싶지만, 어디서부터 대화를 시작해야 할지 모르겠다는 답변이었습니다.

부담감을 덜어 내고 질문하자

저는 부모님들에게 아이와 하루에 많은 대화를 하겠다는 부담부터 버리라고 이야기합니다. 딱 하나의 질문으로도 아이에게 생각의 주도권을 넘겨 줄 수 있습니다. 그때부터 아이는 신나게 이야기하기 시작합니다.

무슨 질문부터 해야 할지 망설여진다면 먼저 질문 앞에 '왜'와 '어떻게'를 넣어 보세요. 이는 단순히 '예'와 '아니오'로 대답할 수 없는 질문으로, 우리가 '열린 질문'이라고 이야기하는 것들을 의미합니다. 이러한 질문은 답변의 범위가 넓고 다양하다는 점에서, 아이가 스스로 생각을 정리하고 표현할 기회를 얻게 해 줍니다.

'왜'와 '어떻게'를 사용한 질문 유형 열 가지를 살펴보겠습니다.

1. 왜 책의 작가는 이 제목을 선택했을까?
2. 어떻게 이 사건이 주인공의 행동에 변화를 가져왔을까?
3. 왜 주인공은 이런 선택을 하게 된 걸까?
4. 어떻게 주인공의 환경이 행동에 영향을 주었을까?
5. 왜 이 그림이 이 장면에 실려 있을까?
6. 어떻게 주변 인물들이 주인공에게 영향을 미쳤을까?
7. 왜 위기의 순간에 주인공은 이렇게 행동했을까?
8. 어떻게 이 책의 메시지를 지금의 일과 연결할 수 있을까?
9. 왜 주인공은 어려운 상황에도 희망을 잃지 않았을까?
10. 이 책을 읽고 어떤 생각의 변화가 생겼을까?

위의 제시된 질문 중 하루에 하나를 정해 아이에게 질문해보세요. 이 질문들에는 아이의 생각을 더욱 풍부하게 하고, 대화를 자연스럽게 끌어내는 힘이 있습니다. 아이는 말에 꼬리를 붙여 자신이 책 속에서 얻은 정보를 이야기할 것입니다. 이야기의 흐름을 파악하고, 원인과 결과를 떠올려 주인공의 인상 깊은 장면을 떠올리게 됩니다.

아이 창의력을 올리는 만약에 질문법

'왜'와 '어떻게'로 아이의 이해도를 높일 수 있는 질문을 해 보았다면, 이번에는 아이의 상상력과 창의력을 키워 줄 차례입니다.

아이의 창의력을 키우는 질문을 던지고 싶을 때는 '만약에' 질문법을 사용하는 것이 좋습니다. 질문의 앞에 '만약에'를 붙여 아이가 이야기의 흐름을 다시 생각하고, 스스로 상상력을 펼치도록 유도하는 방법입니다.

'만약에'를 사용한 예시 질문 열 가지를 소개하겠습니다.

1. 만약에 주인공이 이 선택을 하지 않았다면 이야기는 어떻게 바뀔까?
2. 만약에 이야기의 배경과 시대가 달라진다면 인물들의 행동은 어떻게 변할까?
3. 만약에 작가가 이 장면을 없앤다면 이야기의 메시지는 어떻게 변했을까?
4. 만약에 주인공이 다른 선택을 했다면 갈등은 어떻게 해결되었을까?

5. 만약에 이야기 속 주인공이 현실 세계에 온다면 어떻게 될까?
6. 만약에 내가 이 책의 인물과 친구가 될 수 있다면 누구랑 하고 싶을까?
7. 만약에 내가 책 제목을 새롭게 정한다면?
8. 만약에 이야기의 결말이 달라진다면 어떻게 변할까?
9. 만약에 내가 주인공이라면 어떤 선택을 했을까?
10. 만약에 이야기를 다른 장르로 바꾼다면 어떤 장르로 만들 수 있을까?

이렇듯 '만약에' 질문법은 아이가 스스로 상상하고 스토리텔링을 할 수 있는 능력을 키우며, 비판적 사고 능력을 기르는 데 도움을 줍니다. 단 여기서 주의할 점은 하루에 딱 질문 하나만 하는 것입니다. '만약에' 질문법에 나온 예시 질문을 하루에 다 하려는 욕심은 잠시 내려놓기 바랍니다.

엄마의 질문은 그 자체로 아이가 독서 경험을 되새기면서 확장할 수 있는 도구로 사용됩니다. 많은 정보를 한꺼번에 머릿속에 떠오르게 하기보다는 한 가지 질문에 대해 아이가 깊이 고민하고 사고할 수 있도록 도와주세요. 질문 하나로 엄마와 아이가 함께 책을 읽고 대화를 나누면서 세대 간의 이해와 공감 능력을 키울 수 있습니다.

머릿속에 질문 하나가 떠올랐다면, 아이에게 부드러운 음성으로 물어보세요. 그리고 아이가 충분히 생각하고 고민할 수 있는 시간의 여유를 주세요. 아이가 생각하고 고민하는 과정 자체를 즐기는 것이 핵심입니다. 질문에 대한 답을 생각하면서 재미를 느껴야 엄마와의 대화 시간이 늘어납니다.

아이가 즐겁게 이야기할 수 있는 질문 하나, 오늘부터 가볍게 시작해 보세요.

'왜/어떻게?'와 '만약에' 질문의 힘

질문 유형	질문 유형	아이에게 생기는 힘
'왜/어떻게?' 질문	1. 왜 주인공은 그런 선택을 했을까? 2. 어떻게 이 사건이 등장인물 관계에 변화를 가져왔을까?	인과 관계 파악 논리적 사고력
'만약에' 질문	만약에 주인공이 이 선택을 하지 않았다면 이야기는 어떻게 될까?	상상력 감정 이입 능력

질문을
던지고
기다리는 시간

"선생님, 아이의 생각을 확장하는 질문을 많이 던져 주세요."
"네, 가정에서도 은서와 책을 읽고 대화를 잘 나누시나요?"
"은서에게 자꾸 화를 내게 되는 것 같아요. 답답해서요."
"아이의 말을 잘 들어주는 것이 중요해요. 조금만 여유를 가지고 기다려 주시면 좋을 것 같아요."

아이에게 던질 질문 하나를 떠올렸지만, 바로 "몰라요!"라는 대답에 화부터 나는 엄마. "생각이 안 나요"라는 아이의 말에 답답함이 밀려들어 점점 엄마가 이야기하는 시간이 길어진다면, 잠시 멈춰주세요.

고백하건데, 저는 수업 시간에 아이와 책 대화를 나눌 때도 많은 이야기를 하지 않습니다. 질문 하나를 던지고, 기다리고, 아이를 지켜보는 과정이 더 깁니다. 그런데 이 기다리는 과정이 결코 쉽지 않습니다. 저는 제3자의 입장에서 아이를 대하지만, 엄마의 경우 내 아이가 말을 하지 않을 때, 그 시간을 견디기가 더 힘들다는 사실을 알고 있습니다.

기다림이 꼭 필요한 아이가 있다

초등학교 2학년에 올라가는 은서는 처음에 도통 말문을 열지 않았습니다. 질문을 던졌을 때 고개만 끄덕이는 날들이 많았습니다. 그러다가 겨우 생각이 난 것 같아 물어보면 "몰라요"라는 대답을 꺼내고 또 입을 다뭅니다.

은서가 생각을 입으로 표현하기까지 석 달이 넘는 시간이 필요했습니다. 그렇지만 이럴 때일수록 다그치지 않고 교사와 엄마가 최고의 청중이 된다는 마음으로, 한 문장이라도 표현해 낼 수 있을 것이라는 생각으로 기다림을 견뎌야 합니다.

부모라면 아이가 못하면 다 해결해 주고 싶은 마음이 먼저 듭니다. 내 아이가 말을 꺼내지 않을 때 답답함과 조급함이 밀려오면 내 아이만 부족한가 싶어 새로운 사교육을 또다시 알아봅니다. 이럴 땐 아이의 마음과 감정을 인정하고 아이에게 감정을 '이해받고 있다'라는 느낌을 주는 것이 중요합니다. 지금 말하고 싶지 않은지, 생각이 떠오르지 않아서 표현하고 싶지 않은지 등의 감정을 충분히 공감해 줘야 합니다. "괜찮아, 이런 날도 있어"라며 마음의 곁을 내어 주세요.

학부모님들과 상담을 하다 보면 저 또한 아이가 침묵으로 일관할 때 "왜 대답을 안 할까?"라고 조급함을 느끼기도 하고, 아이가 흥미를 잃은 것은 아닌지 걱정부터 앞서기도 합니다. 하지만 침묵도 반응 중 하나라는 것을 이해하고, 이 시간을 존중하는 노력을 하고 있습니다.

아이가 즉각적으로 대화에 반응하지 않는 이유는 다양하고, 어쩌면 당연할 수도 있습니다. 질문의 의도를 떠올리는 데 시간이 걸릴 수도 있고, 제 생각을 표현하는 데 익숙하지 않을 수 있습니다. 단순히 대답할 마음의 준비가 되지 않았을 때도 있습니다. 때로는 교사나 엄마가 던진 질문이 너무 어렵거나 부담스럽게 느껴질 수도 있습니다. 교사나 엄마가 말을 아끼고 침묵을 기다려 주는 태도가 아이의 생각하는 힘을 길러 줄 수 있는 중요한 지점입니다.

아이를 기다리며 엄마가 할 일

부모는 아이가 대답하지 않을 때 다시 질문하거나, 답을 유도하려는 시도를 계속 하게 됩니다. 그러나 잠시 멈추고 기다려 주는 것이 중요합니다. 아이와 어른의 시간은 다르게 흐르기 때문입니다. 아이가 제 생각을 스스로 정리하고 표현할 수 있는 시간을 주는 것이 사고력을 길러주는 하나의 과정입니다. 이러한 기다림은 "네가 준비될 때 이야기해도 돼"라는 메시지를 전달하며 아이가 스스로 자기 목소리를 낼 수 있는 환경을 만들어 줍니다.

침묵 속에서 엄마가 해야 할 일은 기다리면서 아이의 표정이나 몸짓, 시선 등 비언어적인 반응을 관찰하는 것입니다. 아이의 표정이 살짝 바뀐다든지, 책의 특정 페이지에 시선이 간다든지, 몸짓이 살짝 달라졌다든지 등 아이의 반응과 관심을 파악하며 아이의 생각을 존중하고 이해해 주세요. 아이의 그

작은 움직임을 관찰해 엄마가 반응한다면 아이가 서서히 말문을 열 수도 있습니다.

질문 하나를 던지고 아이가 답을 한 문장이라도 표현했다면, 지금부터는 '내가 최고의 청중이 되어야지'라는 마음으로 들어주세요. 이때는 엄마도 손에서 스마트폰을 내려놓고, 주변의 다른 것에 관심을 끄기로 해요. 몸을 약간 아이 쪽으로 기울여 아이 말에 집중하고 있다고 느끼게 하는 것도 중요합니다.

만약 아이가 글이 많은 책을 읽기 어려워한다면, 글자가 하나도 없는 그림책도 괜찮습니다. 아이의 언어로 이야기를 만들어보고, 아이의 생각에는 정답이 없다는 인식을 줄 수 있습니다.

엄마가 아이에게 "이 장면은 어떤 이야기일까?"라는 질문 하나만 해도 아이는 머릿속으로 상상의 나래를 펼치며 그림책의 장면을 상상할 것입니다. 그리고 아이가 말하는 이야기 속에 함께 빠져들어 귀 기울여주세요. 이때 이야기에 적극적으로 호응하는 것이 중요합니다. 뒷이야기가 궁금한 표정으로 아이의 말에 반응해 주세요. 엄마가 자신의 이야기에 관심을 가지고 듣고 있다는 느낌을 충분히 받는다면, 아이는 시간이 갈수록 수다쟁이가 될 것입니다.

　기다림은 단순히 시간이 아니라 아이와 신뢰를 쌓는 과정입니다. 그 기다림을 조급하게 이끌어 가지 마세요. 물론 쉽지 않습니다. 조금의 시간이 지나면 아이는 자기 생각을 정리하고, 표현하며, 스스로 목소리를 찾는 힘을 얻습니다.

엄마가 기억하면 좋을 기다림 소통법

1단계: 부정보다는 긍정을
'기다림'은 아이의 대답을 유도할 수 있는 '치트키'입니다. 아무리 답답해도 부정의 언어를 건네기보단 긍정적인 언어로 아이의 긴장을 풀어주세요.

엄마   괜찮아. 이런 날도 있어. 천천히 생각해도 돼.
       답이 생각나지 않을 때도 있는 거야.
       갑자기 말하려니까 긴장되지? 엄마도 그런 기분 알아.

2단계: 아이의 반응 파악하기
아이의 비언어적인 반응을 관찰해 보세요. 아이의 표정이 살짝 바뀐다든지, 책의 특정 페이지에 시선이 간다든지, 몸짓이 살짝 달라졌다든지 등 아이의 관심사를 파악해 주세요.

3단계: 침묵도 하나의 대답이다
때로는 엄마의 미소가 질문보다 더 좋은 영향을 줍니다. 아이의 생각을 자유롭게 끌어내는 가장 효과적인 방법이 될 수 있습니다.

질문에
긍정 에너지를
심는 법

'질문에도 에너지가 있다고?'라고 생각할 수 있습니다. 어떤 질문을 던지느냐에 따라 아이의 반응이 달라집니다. 아이에게 긍정적인 질문 에너지를 심어주는 것은 대화의 흐름에서 매우 중요합니다. 이는 엄마와 아이의 대화를 깊이 있게 만들어 주고, 아이의 감정 표현도 풍부하게 합니다. 그리고 다정한 관계 형성에도 도움을 줍니다.

초등학교 1학년이 된 동호는 처음에 제가 질문하면 "몰라요!"라는 말만 되풀이하던 아이였습니다. 동호는 말을 이어 가다가도 "그냥요"라고 말하고 멈추기를 반복했습니다. 이럴 때는 저도 대화가 갑자기 막히는 느낌이 들고, 어떻게 반응해야 할지 고민되었습니다. 하지만 지금은 아이가 "몰라요"라고 답하면 당황하거나 실망한 표정을 보이기보다는 자연스럽게 반응하며 지켜봅니다.

"괜찮아! 아직 생각이 안 날 수도 있지. 조금 더 생각해 볼까?"
"몰라도 괜찮아! 선생님이랑 같이 이야기하면서 생각해 보자."
"혹시 지금 대답하기 어려우면 선생님이 살짝 힌트를 줄까?"

아이에게 던지는 맞춤 질문

아이가 좀 더 편하게 이야기할 수 있도록 분위기를 형성한 뒤 긍정의 에너지를 심는 질문들을 천천히 생각해 봅니다. 그런데 제가 이렇게 이야기해도 동호의 모른다는 대답은 여전했습니다.

알고 보니 동호는 책을 읽는 것보다 게임을 훨씬 더 좋아하는 아이였습니다. 집에서도 부모가 책을 읽으라고 하면 억지로 잠깐 훑어보고 금세 흥미를 잃는 경우가 많았습니다. 그래서 저는 고민한 끝에 질문을 바꾸기 시작했습니다.

"동호야, 이 주인공이 만약 게임 속 캐릭터라면 어떤 능력을 갖췄을까?"
"이 능력으로 어떤 행동을 할 수 있을 것 같아?"

갑자기 게임 속 캐릭터 이야기를 하니 동호의 눈빛이 살짝 변한 것 같았습니다. 동호는 머뭇거리다 "이건 능력치가 세 개짜리인데…"라며 호기심을 살짝 보이더니, 책 속의 내용을 게임과 연결하며 생각해 보기 시작했습니다. 그리고 책 속의 장면을 다시 한번 살펴보며 주인공의 장단점을 분석해, 사건에서 문제를 해결할 수 있는 방법을 조금씩 이야기하기 시작했습니다. 관심 있는 인물에 대해 질문하니 아이는 점점 신이 나서 이야기를 이어갔습니다.

긍정의 에너지를 심는 질문이란 아이가 관심 있어 하는 분야의 생각을 존중하면서 호기심을 자극하는 질문을 의미합니다. 대표적인 것이 정답이 없는 '열린 질문'입니다. 예를 들어, 책 속의 문제 해결책을 탐색하는 질문, 미래를 상상하는 질문, 아이의 감정에 대한 질문 등을 하면 좋습니다.

긍정 질문으로 피어나는
아이의 자신감

긍정적인 질문을 받으면 아이는 자신의 의견을 자유롭게 표현할 기회를 얻고, 이를 교사나 엄마가 존중하고 경청해 준다면 아이는 자신의 생각에 자신감을 가집니다. 아이는 이 경험으로 다른 책에 대한 흥미가 생깁니다. "이 책을 읽고 나서 어떤 게 궁금해졌어?"와 같은 질문은 아이가 다음 책에 호기심을 가지게 합니다. 스스로 책을 선택할 수 있는 능력도 기르게 됩니다. 책 속의 인물들이 겪는 상황에 대한 질문은 아이가 타인의 감정을 이해하고 공감하는 능력을 키울 수 있게 합니다.

반대로 교사나 엄마가 던지는 "이렇게 쉬운 걸 왜 몰라?", "이 장면에서 주인공이 왜 이런 행동을 했는지 당연히 알겠지?", "다시 생각해봐.", "너는 왜 항상 어렵게 생각하는 거야?", "좀 더 빨리 생각할 수 없어?"라는 질문을 아이가 계속 듣는다고 생각해보세요.

부정적인 에너지를 담은 질문을 던지는 것은 아이를 위축되게 만들고, 독서에 흥미를 잃게 만듭니다. 질문의 방향이 아이가 아닌 부모의 기대에 맞춰져 있기 때문에 아이는 잘 대답해야 한다는 부담감을 느끼고, 이것은 아이의 독립적인 사고를 제한합니다.

　강사 입장에서 아이에게 주는 언어의 영향이 얼마나 큰지 실감하고 있습니다. 긍정적인 질문 하나가 책에 관심 없던 아이의 눈빛을 살아나게 만들고, 태도가 달라지게 만듭니다.

　지금부터 질문에 긍정의 에너지를 심는 연습을 해 보길 바랍니다. 이는 단순히 대화 이상의 의미가 있습니다. 아이에게 정서적인 안정감을 제공하며 독서에 대한 흥미를 높이고, 부모와 더욱 즐거운 시간의 경험을 쌓아가는 과정입니다. 아이가 진심으로 질문 하나에 답하는 것을 즐거워할 때, 책을 펼쳐보고 싶은 마음이 배로 늘어날 것입니다.

긍정의 에너지를 가득 담은 질문

아이에게 질문할 때는 긍정적인 에너지를 가득 넣어 주세요. 그 기운을 전달받았을 때, 아이는 더 자신 있게 대답할 수 있습니다.

엄마 이 책에서 가장 흥미로운 부분은 뭐였어?
주인공이 다른 선택을 했다면 이야기가 더 흥미로울까?
만약 주인공이 친구라면 어떻게 이야기해 주고 싶어?
주인공의 어려움을 해결할 수 있는 너만의 방법이 있을까?
주인공이 용기를 낸 것처럼 너도 그런 경험이 있어?
이 책을 읽고 나서 어떤 게 더 궁금해졌어?
이야기의 결말을 보니 어떤 마음이 들었어?
이 이야기 뒤에는 어떤 재밌는 사건이 벌어질까?
책에서 신기하다고 느낀 부분은 어디야?
친구에게 이 책을 추천하면 어떨까?

'만약에'
질문으로
이어진 기적

 일곱 살 아이들과 레이먼드 브리그스 저자의 《눈사람 아저씨》그림책을 수업할 당시였습니다. 글자가 없고 그림만 있는 책이죠. 처음에 아이들은 글자가 없는 책을 보며 어떻게 읽어야 할지 고개를 갸우뚱거리기 시작했습니다. 그림만 휙휙 넘기며 보는 아이들, 인상 깊은 한 장면에서 눈을 떼지 못하는 아이들의 모습이 보였습니다.
 저는 아이들에게 질문 하나를 던졌습니다.

"만약에 어제 만든 눈사람이 살아 움직여 우리 집에 온다면?"

그때부터 아이들은 눈사람이 살아 움직인다는 상상을 하며 이야기를 꺼내놓기 시작했습니다. 집에 오면 같이 맛있는 음식을 먹고 싶은 아이, 집이 따뜻해서 눈사람이 녹을까 걱정하는 아이, 엄마를 깜짝 놀라게 해 주고 싶다는 아이 등 자기만의 상상 속 이야기를 펼쳐 나갔습니다. 그리고 아이들은 한 명씩 돌아가며 책 속의 그림과 연결된 릴레이 이야기를 만들기 시작했습니다.

상상력을 불러일으키는
만약에 질문법

이 질문법은 '만약에'로 시작하는 질문 하나에 이야기를 하나씩 붙여 가며 다음 이야기를 상상하는 방법입니다. 《눈사람 아저씨》는 제가 들어간 반마다 새로운 이야기로 재탄생되었습니다. 지금부터 엄마가 아이와 함께 '만약에 질문 하나'로 생각을 확장하는 대화의 흐름을 소개하겠습니다.

1. '만약에'로 시작하는 질문 하나 정하기

엄마가 첫 페이지의 그림과 연상되는 상황을 '만약에'로 연결해 질문 하나를 정합니다.

엄마 만약에 눈사람이 살아 움직여 우리 집에 온다면?
　　　만약에 눈사람이 말을 할 수 있다면?
　　　만약에 눈사람이 우리 집 문을 두드린다면?

2. 첫 장면 만들기

아이에게 첫 장면을 상상하게 합니다.

아이 만약에 눈사람이 살아 우리 집에 온다면 나는 반갑게 맞이할 거야.
　　　어서 와요. 눈사람 아저씨! 쉿! 엄마 아빠가 깰 수도 있어. 조용히 들어와야 해!

3. '만약에' 질문을 확장하며 대화하기

'만약에' 질문을 확장하며 아이와 대화를 나눕니다.

엄마 만약에 눈사람 아저씨가 집 안에서 본 것 중 깜짝 놀란 것이 있다면?
　　　만약에 눈사람 아저씨와 하루를 보낼 수 있다면 무엇을 하고 싶어?
　　　만약에 눈사람 아저씨와 함께 가고 싶은 곳이 있다면?

4. 그림을 떠올리며 '만약에' 질문으로 주인공의 감정 떠올리기

아이와 함께 주인공의 감정을 떠올려 봅니다.

엄마 만약에 함께 하늘을 난다면 어떤 기분이었을까?
만약에 눈사람 아저씨가 멋진 양복을 입는다면 어떤 느낌일까?

5. '만약에'로 시작하는 뒷이야기 만들기

마지막 페이지 뒤에 나오는 이야기를 아이와 함께 상상해 봅니다.

엄마 눈사람 아저씨가 녹아서 슬프지만, 다시 눈이 오면 만날 수 있을 거야!

이렇듯 '만약에'로 시작한 질문 하나는 아이가 상상력을 발휘하며 다양한 시나리오를 생각할 수 있는 힘을 길러줍니다. 엄마와 함께 대화로 이야기를 구체적으로 확장하면서 원인과 결과를 스스로 고민하고 논리적으로 사고하는 능력을 키울 수 있습니다. 글로 된 책이 아니라 그림책도 좋습니다. 그림책 역시 어휘력과 문장 구성력에 도움을 줍니다.

주인공의 감정을 상상하고, 문제가 생겼을 때 해결 방법을 고민하는 것은 공감 능력과 주도적으로 사고할 수 있는 힘을 길러 줍니다. 아이는 이야기 속에서 새로운 상황을 마주하며 자연스럽게 두려움을 극복하는 연습을 할 수 있습니다.

"만약에 지금 주인공이 위험한 상황에 처해 있다면?"이라는 질문을 받으면 아이는 상황을 극복할 방법을 스스로 찾기 위해 생각하기 시작합니다. 이러한 경험은 현실에서 아이가 어려운 상황에 처했을 때 자신감 있게 대응할 용기를 줍니다.

아이에게 용기를 주는 책 한 권의 마법

함께 수업했던 일곱 살 지후는 밤의 깜깜한 어둠을 유독 무서워하던 아이였습니다. 지후 엄마는 아이가 불을 끄면 금세 울음을 터뜨렸고, 늘 조명을 켜둔 채 잠들었다고 전해 주었습니다.

지후에게 《눈사람 아저씨》를 읽어 주던 날, 책을 보던 지후의 눈빛이 달라졌습니다. 지후는 주인공이 밤마다 눈사람 아저씨가 밖에 잘 있는지 설레는 마음으로 잠드는 장면을 본 뒤, 주인공을 친구처럼 느끼기 시작했습니다. 그리고 '밤이 꼭 무서운 것만은 아닐 수도 있겠다'라는 감정을 마주했습니다. 수업을 마친 뒤 지후는 조심스럽게 "나도 눈사람 아저씨가 있으면 좋겠어요. 불 꺼도 괜찮을 것 같아요"라고 말했습니다.

그날 이후 지후는 자기만의 눈사람 아저씨를 머릿속에 그리기 시작했습니다. 잠들기 전, 지후의 어머니는 "눈사람 아저씨는 지금 뭐하고 있을까?"라고 질문하며 지후가 상상의 이야기를 이어 갈 수 있도록 도왔습니다. 며칠이 지나자 지후는 불을 끄고도 편안히 잠들 수 있게 되었습니다. 어둠을 상상으로 감싸 안으며, 스스로 두려움을 이겨냈습니다.

지후의 두려움을 덮어 주었던 것은 책 한 권 속 한 장면이었습니다. 그리고 장면을 함께 바라보며 상상의 문을 열어 준 어른의 말 한마디였죠.

'만약에'로 시작하는 질문은 아이들의 마음을 열고, 생각의 날개를 달아 줍니다. 상상은 아이에게 용기를 건네고, 언어는 상상을 표현하는 훌륭한 도구가 됩니다. "만약에 눈사람 아저씨와 어디든 갈 수 있다면?"과 같은 질문을 던져 주세요. 아이가 자연스럽게 즐거운 상상에 빠질 수 있도록 도와주세요.

처음에는 간단한 질문부터 시작해 보세요. 아이가 '만약에'

를 떠올릴 수 있는 상황만 제시해 주면 됩니다. 그리고 아이와 함께 이야기를 확장해 나가며 점점 구체적인 질문 하나를 던져보세요.

책을 읽은 뒤 나누는 질문 하나의 대화, 함께 떠올려보는 상상의 장면이 아이의 내면을 조금씩 자라나게 합니다. 그리고 언어로 마음을 표현할 수 있을 때, 아이는 비로소 자기 감정의 주인이 됩니다. 밤의 어둠이 더 이상 무섭지 않았던 어느 날처럼요.

'만약에' 질문법의 힘

만약에 질문법은 아이가 책 속에 없는 이야기를 만들어 보는 기회가 되기 때문에 아이의 창의력을 키웁니다. 또한 문장을 스스로 구성하며 표현력을 기를 수 있고, 책 속 이야기와 현실 세계를 연결 지으며 세계관을 확장할 수 있습니다.
《이상한 나라에 간 파울라》를 읽고 엄마가 아이에게 던질 수 있는 '만약에' 질문 예시를 살펴보겠습니다.

엄마 만약에 이상한 나라에 갔다면, 그 나라는 어떤 모습일까?
만약에 이상한 나라의 규칙을 하나 바꿀 수 있다면, 어떤 규칙을 바꾸고 싶어?
만약에 이상한 나라에서 나를 알아보지 못한다면 어떤 마음이 들까?
만약에 파울라처럼 혼자 이상한 나라에 갔다면, 어떻게 행동해야 할까?
만약에 이상한 나라에서 파울라를 만난다면 어떤 말을 해 주고 싶어?

질문을
부담스러워하는
아이의 속마음

　아이에게 책을 읽히는 엄마의 마음에는 공통된 바람이 있습니다. 아이가 책을 좋아하고, 생각하는 힘을 기르고, 자신의 의견을 말할 줄 아는 사람으로 자라는 것이죠. 그리고 이러한 결과가 학습 효과로 이어져 공부를 잘하는 아이로 성장하기를 바랍니다.

　공부 욕심이 있는 엄마들은 책을 읽은 뒤 아이에게 "어땠어?", "주인공이 왜 그런 행동을 했을까?"라는 질문을 건네며 아이가 제대로 이해했는지 확인합니다. 그리고 아이에게 원하는 대답이 나오지 않으면 '내가 지금 아이에게 제대로 된 교육을 하고 있나?'를 고민하며 걱정부터 앞서죠.

하지만 때때로 아이는 엄마의 질문을 시험처럼 받아들입니다. 아이는 엄마의 실망이 스친 표정이나 반복되는 지적이 이어지면, 말로는 괜찮다고 하지만 움츠러듭니다. 아이에게 답을 유도하는 엄마의 말투를 파악하고 '이건 맞춰야 하는 질문'이라고 받아들입니다.

이런 상황이 반복되다 보면 아이는 엄마의 답을 추측하려고 하고, 그것이 어렵다고 느낍니다. 그래서 대다수 아이들이 "몰라요"라고 대답하는 선택을 합니다. 그러면 엄마는 아이의 생각이 부족하다고 느끼고, 아이 역시 그러한 마음을 고스란히 느낍니다. 그래서 점점 대화가 즐겁게 이어지지 않습니다.

답을 강요하는 질문은 하지 마세요

엄마는 이렇게 말합니다.

"생각을 더 해야지. 책을 읽고 난 뒤에는 생각하는 게 중요해. 그래야 너도 더 똑똑해지지."

이 말에 아이는 고개를 푹 숙입니다. 엄마는 눈치 채지 못하지만, 아이의 눈동자가 흔들리고, 손톱을 물어뜯는 버릇도 나옵니다. 하지만 알고도 모른 척하는 엄마가 됩니다. 그리고 아이가 자신의 말을 들어야 한다고 생각합니다.

"이유를 말할 수 있어야 해. 그래야 선생님이 질문해도 대답할 수 있지."
"네, 알겠어요. 하지만…"
"다시 생각해 보자. 너라면 어떻게 했을 것 같아?"

그 순간, 아이는 책 내용이 아니라 자신의 대답이 틀릴 것을 걱정합니다. 자신의 생각보다는 엄마가 옳다고 느끼는 '정답'을 찾으려고 하기 때문이죠. 그러다 아무 말 하지 못하고, 점점 입을 여는 것을 어려워합니다.

"왜 말을 안 해? 어려운 질문도 아니잖아."

엄마는 슬슬 짜증이 납니다. 순식간에 엄마와 아이 사이의 공기가 무거워지고 엄마의 얼굴에 실망이 스칩니다. 엄마 표정을 본 아이는 자신이 또 엄마를 실망시켰다고 생각합니다.

 그러나 아이가 하고 싶은 말이 없는 것이 아닙니다. 당장 주인공이 왜 그랬는지, 나라면 어떻게 했을지 문득 떠오르는 생각이 있지만 말하면 안 될 것만 같습니다. 엄마가 원하는 대답이 아닐까 봐, 앞에서 말하면 안 될 것 같은 불안감이 있기 때문입니다. 아이는 생각이 많아집니다.

 '나는 왜 한 번에 대답하지 못할까.'
 '엄마는 내가 지금보다 훨씬 더 똑똑하길 바라는 것 같아.'

 엄마는 아이에게 생각하는 습관을 들이고 싶고, 그것을 똑 부러지게 말하는 아이로 키우고 싶어 합니다. 하지만 그러한 기대가 아이에게는 부담으로 다가올 수 있다는 점을 종종 놓칩니다. 아이는 엄마의 기대를 실망시키지 않으려 애쓰며 점점 자신의 생각을 드러내는 데 주저합니다.
 엄마와의 대화 시간이 '눈치 보기 시간'으로 바뀌는 순간, 자기 목소리를 내는 일이 점점 어려워집니다. 이런 경험은 아이가 책을 읽는 즐거움보다 그 뒤에 따라올 엄마의 질문을 먼저 떠올리게 합니다. 책장 하나하나에 이제는 '대답해야 한다'라는 마음의 무게가 더해집니다. 읽는 행위가 점점 과제가 되어 가는 과정이죠.

틀려도 괜찮다고 말해 주세요

물론, 엄마의 기대가 반드시 나쁜 것만은 아닙니다. 문제는 이러한 기대가 아이에게 어떻게 전달되고, 어떤 방식으로 작용되느냐에 달려 있습니다. 말보다 중요한 것은 대화를 나눌 때 엄마와 아이의 '분위기'입니다. 아이가 실수해도 괜찮다는 것을 충분히 느낄 수 있어야 합니다. 질문은 엄마의 정답을 유도하기 위한 것이 아니라, 진짜 대화를 위한 것이어야 합니다.

아이의 생각이 다듬어지지 않았고, 표현은 서툴 수 있습니다. 하지만 그 안에는 아이만의 고유한 생각이 있고, 말보다 큰 따뜻한 마음이 담겨 있습니다. 엄마가 아이의 생각을 듣고 싶다면, 내가 옳다고 생각하는 기대를 조금은 덜어야 합니다. 그래야 아이는 자기 목소리를 낼 수 있습니다.

때로는 아이의 이야기를 기다려 주는 것이 더 좋은 대화가 됩니다. 그 무게를 조금 덜어주는 것이 아이에게는 용기가 됩니다. "엄마가 나를 믿는 만큼 내 생각도 맞아"라며 자신 있게 이야기할 수 있는 힘, 이러한 목소리는 언젠가 세상 앞에서 또렷이 울리는 힘이 됩니다.

아이는 부모의 눈빛 속에서 '지금의 나'를 바라봅니다. 그 눈빛이 따뜻할수록 아이는 자신을 믿는 법을 조금씩 배웁니다. 모든 아이들은 부모의 기대에 어긋나지 않고, 자랑스러운 자식이 되고 싶어 합니다. 그런데 아이 스스로 자신을 믿는 법을 키워나가기까지는 부모가 먼저 아이를 믿는 것이 우선되어야 합니다. 내 기대보다 더 중요한 것은, 아이에게 전해지는 따뜻한 믿음일지도 모릅니다.

아이에 대한 기대를 내려놓는 방법

- ✔ '내가 원하는 아이의 모습'과 '아이의 진짜 모습'을 구별해 보세요. 스스로에게 "이건 내가 아이에게 바라는 모습일까?", "아이가 진짜 원하는 것일까?"라는 질문을 던져 보세요.

- ✔ 아이 행동의 결과를 보지 말고 서로의 관계를 중심으로 바라보세요. '왜 이걸 못하는 걸까?'라는 생각을 가지고 아이의 행동을 결과로 바라보는 기대 중심의 시선보다는, '어떤 도움이 필요할까?'처럼 아이와 더 나은 방향을 고민하는 관계 중심의 시선으로 바라보는 연습이 필요합니다.

- ✔ 아이의 행동과 대답이 예상과 다를 때 바로 조언하기보다는 "그럴 수도 있지"라고 말하며 잠깐 멈춰보세요.

아이의
엉뚱한 대답
그대로 즐기기

아이들은 책을 읽고 나서 종종 어른들의 예상과 전혀 다르게 엉뚱한 말을 꺼냅니다. 예를 들어 《피터팬》을 읽고 나서 "근데 나는 빨리 어른이 되고 싶은데?"라고 말하는 식입니다. 어른의 눈에는 정답에서 벗어난 대답처럼 보일 수 있고, '이해를 잘 못했나?'라는 생각이 들 수 있습니다. 수업 도중 아이의 엉뚱한 말이 튀어나와 흐름이 끊기면, 순식간에 분위기가 달라지지만, 그 말 속에는 아이만의 상상과 감정이 담겨 있을 가능성이 큽니다.

이럴 때 가장 중요한 것은, 아이의 엉뚱한 말을 '틀린 말'로 여기지 않고, 있는 그대로 받아들이는 자세입니다. 특히 교사나 엄마에게 중요한 태도입니다. 아이가 자유롭게 말하고 표현할 수 있는 분위기를 만들어 주는 것이야말로 진짜 독서 교육의 시작입니다.

엄마가 아이의 말에 "그건 아니지", "왜 그런 말을 하는 거야?"라고 반응하는 순간, 아이는 말하기를 멈춥니다. 정답을 찾기 위한 대화가 되면, 아이는 더 이상 자기 생각을 말하지 않습니다. 자유롭게 표현했던 말이 '틀린 말'로 규정되는 순간, 아이는 말하는 데 주저하게 됩니다. 그리고 언어를 통한 사고의 확장은 멈춥니다.

엉뚱한 대답은 실수가 아닙니다. 이는 머릿속에서 딱딱하게 굳어지지 않은, 아이의 유연한 사고가 표현된 모습입니다. 아이의 창의력이 이런 대답 속에서 자라납니다. 고정관념 바깥에서 떠오른 질문 안에 새로운 가능성이 들어 있습니다.

예상치 못한 말을 던지는 아이에게 "왜 그렇게 생각했어?"라고 물어보면, 의외로 어른들이 모르는 놀라운 이야기가 흘러나올 때가 많습니다. "어른이 되면 내가 좋아하는 것을 밤새 해도 아무도 뭐라고 안 하잖아요"라는 아이의 말 한마디 안에는 아이의 생각과 경험이 담겨 있습니다.

각자의 생각이 다르고, 보는 관점이 다르기 때문에 누구나 새로운 이야기를 꺼낼 수 있습니다. 아이가 자유롭게 말하고 상상할 수 있는 환경은 생각을 확장하는 발판이 됩니다. 따라서 아이의 엉뚱한 말을 새로움으로 바라볼 수 있는 자세가 필요합니다.

엉뚱한 말을 들었을 때 엄마가 하면 좋은 반응

다음은 전래동화 《해와 달이 된 오누이》에서 아이의 엉뚱한 대답에 엄마가 긍정적으로 반응하는 대화 사례입니다.

1단계: 엉뚱한 말 경청하기

엄마 책 어땠어? 호랑이가 나와서 좀 무섭고 깜짝 놀랐지?

아이 네, 그런데 전 호랑이가 좀 불쌍하게 느껴졌어요.

엄마 불쌍하다고? 왜 그렇게 생각했어?

아이 매일 굶었잖아요. 배고파서 사람 잡아 먹은 거잖아요.

엄마 (잠시 웃으며) 그렇구나. 엄마는 무섭다고만 생각했는데, 호랑이의 배고픔을 먼저 떠올렸구나.

아이 맞아요. 호랑이가 밥만 많이 먹었다면 착했을 수도 있어요.

엄마 그럴 수도 있겠다. 호랑이가 매일 밥을 먹을 수 있었으면, 오누이도 도망가지 않았을 수도 있겠네.

아이 네! 그러면 엄마도 안 잡아먹었을 것 같아요. 밥이 진짜 중요하네요.

2단계: 생각하는 힘 기르기

엄마 그럼 호랑이를 위해 우리가 할 수 있는 게 있다면 뭐가 있을까?

아이 '호랑이 밥집'을 열어야 해요. 밥을 주는 식당 말이에요!

엄마 호랑이 밥집이라니, 귀엽다. 메뉴는 뭐가 좋을까?

아이 당연히 고기요. 호랑이니깐 고기를 좋아할 것 같아요.

엄마 그럼 호랑이가 배불리 먹고 나서 착해졌어. 그 다음 이야기는 어떻게 될까?

아이 음…오누이와 친구가 될 수도 있어요. 같이 살았을지도 모르지요!

엄마 그럼 해와 달이 되지는 않았겠네?

아이 아, 그럼 하늘에는 해와 달이 없었겠네요. 그러면 안 되는데….

엄마 그럴 수도 있지. 이야기가 완전히 달라졌네. 해와 달은 없지만 호랑이와 오누이가 친구로 사는 이야기도 재미있겠다.

이처럼 아이의 엉뚱한 말을 들어주는 태도는 생각을 창의적으로 확장하는 힘을 기르게 합니다. 그리고 엄마와 아이의 관계에도 긍정적인 영향을 줍니다. 말할 때마다 인정받는 경험은 아이가 스스로 "나는 괜찮은 사람이야", "내 말은 들어볼 만한 가치가 있어"라는 자기 효능감을 줍니다. 이는 앞으로 아이의 공부 학습 능력과 태도에도 도움을 줍니다. 스스로 할 수 있다는 믿음이 어떤 표현이든 할 수 있는, 근본적인 자신감의 바탕이 됩니다.

아이의 엉뚱한 말이 나올 때 필요한 것은 '정정'이 아니라, 함께 분위기를 따라가 주는 엄마의 '여유'입니다. 엄마도 함께 때로는 말도 안 되는 이야기 속에 빠져들어 상상해 보고, 질문을 던져 아이의 생각을 더 넓혀주는 것이지요. 그렇게 아이는 더 깊게 생각하고, 말하고, 새로운 시각을 가지게 됩니다.

아이가 대화 마지막 흐름에 "오누이가 호랑이와 친구가 되면 해와 달이 없어지니깐 안 될 것 같아"라고 말했을 때, 그 말은 상상에만 머무르는 것이 아닙니다. 내용 안에서 원인과 결과, 상상, 감정 등을 복합적으로 마주하며 스스로 엮어 생각하는 과정입니다. 이런 말을 할 수 있는 아이는 질문 앞에서 새로운 아이디어를 내는 데 주저하지 않습니다.

생각의 문을 열고, 같이 엉뚱해지고, 때로는 진지하게 되묻는 그 경험이 아이에게는 무엇보다 값진 배움의 길이 됩니다. 엄마의 작은 여유로운 태도와 수용이 아이에게는 "내 생각은 충분히 괜찮아"라는 깊은 확신으로 돌아옵니다. 확신은 세상을 향해 나아가는 아이의 내면에, 단단한 뿌리가 되어 돌아올 것입니다.

아이가 하는 말이 반짝반짝 빛나는 순간까지, 엉뚱한 말 오늘부터 그대로 즐겨볼까요?

아이의 엉뚱한 말에 하면 좋은 대답

아이의 엉뚱한 말이 나올 때 필요한 건 정정이 아니라, 함께 분위기를 따라가 주는 엄마의 '여유'입니다. 엄마도 때로는 말도 안 되는 이야기 속에 빠져들어 상상해 보고, 질문을 던져 아이의 생각을 더 넓혀 주세요. 그렇게 아이는 더 깊게 생각하고, 말하고, 새로운 시각을 가지게 됩니다.

엄마 와, 그런 생각은 놀라운데? 어떻게 그런 생각을 했어?
너만이 할 수 있는 재미있는 상상인데!
네 말을 들으니까 이야기가 더 새롭게 느껴진다.
그렇게도 생각할 수 있구나. 엄마는 미처 하지 못한 생각이야.

2장

단어의 뜻만
묻던 아이,
이제 달라졌어요

엄마의 단어 하나 질문법

'이거, 그거, 저거'의 함정

"선생님!, 그거 있잖아요. 그거!"
"나무 막대기처럼 생겼어요. 끝이 뾰족하고 아이들이 던지는데…"

호기심 많은 세하가 수업 도중 질문을 던지자 갑자기 독서교실은 스무고개 분위기로 흘러갑니다. 옆에 앉은 수현이가 "나도 그거 아는데? 뭐더라…. 항아리 같은 곳에 넣는 거지?"라며 아는 체를 했지만 도통 정확한 단어가 떠오르지 않습니다. 답답한 희찬이도 "던지는 거? 그거 무슨 놀이하는 거야?"라고 물으며 뭔가를 떠올리려고 하지만, 단어가 입 밖으로 나오지 않습니다. 아이들의 대화를 듣다가 단어를 짐작한 저는, "얘들아, 투호 놀이 말하는 거야?"라고 이야기를 꺼내자 "맞아요. 투호 놀이!"라며 이제야 생각난 듯 고개를 끄덕입니다.

수업 시간에 아이들과 이야기를 하다 보면 이런 장면을 자주 마주합니다. 아이가 어떤 단어를 알고 있다고 말하지만, 막상 입 밖으로 꺼내려고 하면 말이 입 안에서만 맴도는 일이 생깁니다. 그럴 때 아이들은 '이거, 그거, 저거'와 같은 지시대명사로 표현합니다.

초등학교 저학년은 어휘력이 충분히 자라지 않은 시기입니다. 표현하고 싶은 대상은 머릿속에 있지만, 그것을 정확히 짚을 단어를 떠올리기 어려워합니다. 수업 도중 갑자기 이야기를 꺼내다가도 이 말을 했다가 저 말로 빠지기도 하죠. 그리고 갑자기 말을 주춤거리거나 생각이 안 날 때는 대화를 멈추는 모습도 자주 나타납니다.

그런데 놀라운 점은, 집에서 책을 많이 읽는다고 알려진 아이들 사이에서도 이런 현상이 반복된다는 것입니다. 단어를 알면서도 지시대명사에만 의존하거나, 의미를 제대로 이해하지 못해 표현하지 못하는 상황은 왜 계속해서 벌어질까요?

단어 하나로 시작하는
문해력을 키우기

단어 하나를 정확히 이해하지 못하고 올바르게 사용할 줄 모른다면, 문장의 뜻도 흐릿해집니다. 결국 아이들은 글 전체를 온전히 받아들이기가 어려워집니다. 표현할 단어가 막히는 순간, 이해의 흐름도 함께 멈추기 때문입니다. 결국 단어 하나가 아이의 문해력을 키울 수 있는 중요한 열쇠가 됩니다.

요즘 아이들은 책뿐만 아니라 유튜브나 인터넷 등 다양한 매체를 통해 매일 새로운 단어를 접합니다. 하지만 단어를 본다고 해서 곧바로 의미를 이해하지는 않습니다. 예를 들어 '고요한 숲 속'이라는 표현을 책에서 읽더라도, 실제 고요한 느낌의 환경을 경험하지 못한 아이에게 그 말은 낯선 조합일 뿐입니다.

아이들을 관찰해 보면, 유사한 단어를 자주 혼동합니다. 우리말에는 비슷한 발음이나 형태를 가진 단어가 많기 때문입니다. '제시'나 '지시', '확신'과 '확정'처럼 비슷하게 들리지만 의미는 전혀 다른 단어들을 헷갈려 해 문장에서 올바르게 사용하지 못합니다.

무엇보다 다의어는 아이들에게 많은 혼동을 줍니다. 하나의 단어가 문맥에 따라 의미를 달리 하는데, 아이들은 보통 익숙한 한 가지 뜻만 기억하고 나머지는 놓치기 때문이죠. 대표적인 예가 '정의'입니다. "개념이나 용어를 명확히 설명하는 것", "진리에 맞는 올바른 도리의 뜻", "관계나 속성을 분명하게 나타내는 것"처럼 다양한 쓰임이 있지만, 문맥을 제대로 살피지 않으면 엉뚱하게 해석되어 전체 글의 의미를 놓치게 됩니다.

엄마는 아이가 "이거, 그거, 저거"라고 할 때 "어떤 거 말하는 거야?"라고 되묻고 아이가 단어를 말할 수 있게 유도해 주세요. 아이는 이 과정을 통해 새로운 단어를 학습하고 익힐 수 있습니다. 다만 아이가 "그거" 외에 다른 말을 하기 싫어한다면, "아, 노란 공책 말하는 거지?"라고 올바른 단어를 반복해서 아이에게 들려주세요.

구체적인 단어를 아이가 스스로 찾고 사용하는 연습은 단순히 어휘를 암기하는 것과는 다릅니다. 아이가 지시대명사로 표현했던 사물이나 상황에 대해 더 깊이 이해하고, 설명할 수 있는 능력을 기르는 과정입니다.

엄마는 아이가 사용하는 단어를 올바르게 수정하거나 새로운 어휘를 계속해서 제시하기 전, 긍정적인 피드백을 먼저 주는 것이 좋습니다. "이 단어를 정확하게 표현하다니, 너무 멋진데?"라고 먼저 이야기해 주세요. 그러면 아이는 머릿속에 맴도는 단어를 입 밖으로 꺼내는 것을 두려워하지 않습니다.

무조건 많이 읽지 않아도 괜찮습니다. 아이와 함께 단어 하나로 대화의 문을 열어 보는 것은 어떨까요?

'이거, 그거, 저거'에서 단어를 끌어내는 질문

1단계: 문맥 속 상황 파악하기
아이 그거 있잖아. 주인공이 한 거!
엄마 그거 말고, 주인공이 어떤 행동을 했는지 이야기해 줄래?

2단계: 어휘 감각 키우기
아이 그거 뭐였더라?
엄마 그 단어가 어떤 느낌이야?

3단계: 그림 연상을 통해 어휘 접근성 키우기
아이 ('이거, 그거, 저거'를 반복해서 말할 때)
엄마 어떤 거 말하는 거야? 네가 말하는 것을 그림으로 표현해 볼까?

날씨로 표현하는 '감탄'의 의미

"선생님, 이순신 장군이 말에서 떨어졌을 때 이순신 장군이 하는 말을 듣고 주위 사람들이 '감탄'했다고 하는데, '감탄'이 뭐예요?"

위인전 중에서 아이들이 가장 읽고 싶어 하는 인물은 '이순신 장군'입니다. 그런데 초등학생들이 이순신 장군의 위인전을 막상 읽으면 생각보다 낯선 단어가 많이 나와 어려워합니다. 이순신 장군이 전쟁마다 겪은 느낌을 표현하는 단어와 당시 조선 시대 벼슬에 대한 생소한 이름이 무수히 나오고, 한자어가 많이 나오다 보니 술술 읽히지 않는 것이죠.

　책 속 등장인물의 감정을 설명할 때, 저는 '날씨 표현'을 활용해 대화를 이어갑니다. 주인공이 경험한 감정을 날씨에 빗대어 표현함으로써, 단어가 지닌 느낌을 더 생생하게 살려보는 것입니다. 그리고 우리말 특유의 미묘한 분위기와 뉘앙스의 차이를 느껴 보는 것이죠.

비 오는 날 무지개로
단어 설명하기

　다음은 '감탄'이라는 단어를 날씨로 표현해 아이와 교실에서 나눈 대화를 재구성한 사례입니다.

1단계: 예시 들기

아이 엄마, 감탄이 무슨 뜻이에요?

엄마 우리가 집에 가는 길에 비가 주룩주룩 내리다가 하늘에 갑자기 떠오르는 무지개를 본 적 있지? 그때 어떤 느낌이 들었어?

아이 너무 놀라고 예뻐서 멍하니 하늘을 쳐다봤어요.

엄마 맞아. 무지개가 뜰 거라고 전혀 예상하지 못했는데, 갑자기 떠오른 무지개에 놀라 몇 분간 하늘을 바라봤지. 이렇듯 감탄은 비가 온 뒤 갑자기 떠오른 무지개처럼 예상치 못한 순간에 우리의 마음을 환하게 비추는 감정이랑 비슷해.

2단계: 단어의 의미 날씨로 설명하기

아이 우리가 감동할 때와 비슷한 느낌 아니에요?

엄마 오~ 좋은 질문이구나. 감동과 감탄 모두 비슷하게 느낄 수 있지만, 조금 차이가 있어. 감탄이 빠르게 우리에게 찾아와 강하고 깊은 느낌을 주었다면, 감동은 저녁 노을처럼 서서히 물들어가는 감정과 비슷해. 즉, 감동은 마음의 울림과도 같아서 우리가 마음 속 깊숙이 느껴서 움직이는 감정이라 할 수 있어. 감탄은 우리가 직접 느끼는 감정과도 비슷해서 '감탄하다, 감탄이 나오다'와 같은 말로 사용할 수 있단다. 이순신 장군이 말에서 굴러 떨어졌을 때 다리가 부러졌는데도 순간적으로 말이 어디 있는지, 다치지는 않았는지 걱정하는 모습에서 사람들이 감탄했다고 이야기한 것이지.

이렇듯 감정에 관련된 단어를 날씨로 표현하면 아이에게 더 생생하고 직관적으로 의미를 전달할 수 있습니다. 날씨는 항상 달라지는 자연 현상이기 때문에 복잡하고 미묘한 감정을 쉽게 공감하고 이해할 수 있도록 도와줍니다.

날씨를 활용한 다양한 표현법

아이에게 소풍 가기 전날 설렘을 단순히 '들떠서 두근거림'이라고 사전적 의미를 설명하는 것보다 "봄바람처럼 가볍고 상쾌한 기분이야"라고 이야기해 보세요. 아이에게 더 생동감 있게 다가옵니다. 날씨로 표현했을 때 아이에게 머릿속에 시각적인 이미지가 떠올라 감정을 더 강하게 인식하게 만들기 때문입니다. '깜짝 놀라다'라는 기분을 '갑자기 내리치는 천둥번개'라고 표현한다면 즉시 머릿속에 이미지가 그려지면서 선명하게 의미가 전달됩니다.

무엇보다 날씨는 항상 변하기 때문에 주인공의 감정 흐름을 표현하기에도 적절합니다. 이야기 속에서 주인공들은 어렸을 때부터 여러 사건을 겪습니다. 이에 따라 기분이 흐려졌다가

맑아지기도 하고, 폭풍이 불다가 잠잠해지듯이 다양한 감정이 표현됩니다.

우리가 쓰는 단어에는 분위기가 있다는 사실을 기억해야 합니다. 단어는 단순히 글자가 아니라 각각의 느낌이 있고, 어떤 단어를 쓰느냐에 따라 우리에게 다른 감정을 불러일으킵니다.

예를 들어 '미소'와 '활짝 웃다'라는 말은 비슷한 의미를 지녔어도 분위기가 다릅니다. 미소는 조용하고 부드러운 느낌이지만, '활짝 웃다'라는 표현은 밝고 활기찬 인상을 줍니다. 우리가 매일 사는 '집'과 '가정'도 생각해 보세요. 집은 물리적으로 사는 공간이 떠오르지만, 가정은 가족들과 따뜻한 관계를 강조하는 느낌이 듭니다. 이렇듯 단어가 주는 분위기를 사용해 날씨로 표현해 대화하면, 같은 단어도 좀 더 생생하고 깊이 있게 전달할 수 있습니다.

엄마가 단어를 날씨에 빗대어 설명해 주었다면, 대화의 끝에는 아이와 함께 '오늘의 기분'을 날씨로 표현해 보세요. 하루를 보내며 느꼈던 감정을 떠올리고, 그에 어울리는 날씨와 단어를 함께 찾아보는 것이죠. "오늘은 좋았다", "기분이 나빴다"라는 말 대신, "오늘은 마음에 보슬비가 내렸어" 혹은 "햇살이 반짝이는 만큼 기분이 좋았다"와 같은 표현으로 감정을 풀어

낸다면, 아이는 훨씬 풍부하고 생생한 언어로 말하게 될 것입니다.

　작은 표현의 경험들이 쌓이면, 아이는 자기 마음을 들여다보는 힘을 기르게 됩니다. 그리고 언어는 단순히 말이 아니라, 서로를 이해하고 연결하는 다리가 될 수 있다는 것을 몸으로 배워 나갈 것입니다. 아이의 마음에 매일 다른 날씨가 찾아오듯, 언어의 감각도 그렇게 자라날 것입니다.

날씨로 '평온함'을 표현하기

단어를 날씨로 표현하면 아이들은 조금 더 재미있고 쉽게 의미를 이해할 수 있습니다. 그렇다면 어떤 단어를 어떻게 표현하면 좋을까요? '평온하다'라는 단어를 예로 들어 살펴보겠습니다.

엄마 마음이 아주 조용하고 편안할 때 어울리는 날씨는 어떨까? 바람이 잔잔히 부는 날을 떠올려 본 적 있어? 그럴 때 기분이 어땠어?
주인공이 위기를 극복하고 모든 일이 잘 풀렸을 때, 마음 속 날씨는 어땠을까?
엄마는 '평온하다'라는 단어를 떠올리면, 잔잔한 바람이 부는 가을 하늘 아래 앉아 있는 느낌과 햇살이 따뜻하게 비추는 잔디밭에 조용히 누워 있는 느낌이 들어.

아이 머릿속
어휘 퍼즐
맞추기

    아이가 모르는 단어를 질문했다면, 엄마는 아이 스스로 어휘 퍼즐을 맞춰 볼 수 있도록 대화를 유도하는 것이 중요합니다. 이때는 단어의 뜻을 바로 설명해 주기보다는 의미와 단어가 사용되는 상황을 구체적으로 이미지화합니다. 그리고 아이가 머릿속에 떠올릴 수 있도록 단계적으로 의미를 확장해 주는 것이 좋습니다. 새로운 단어를 설명할 때는 의미가 비슷한 익숙한 단어를 활용해 보세요. 아이가 조금 더 잘 이해할 수 있습니다. 핵심은, 의미를 바로 설명하기보다는 아이가 스스로 생각해 보는 시간을 주는 것입니다.

'고요하다'의 의미 파악하기

다음은 '고요하다'라는 단어를 두고 엄마와 아이가 대화를 나누는 사례를 재구성한 예시입니다.

1단계: 익숙한 개념에서 출발하기

아이 엄마, '고요하다'라는 말이 무슨 뜻이에요?

엄마 지금 밖이 조용하지? 조용한 것은 시끄럽지 않은 상태를 말해. 고요한 것은 좀 더 깊은 느낌이야.

아이 깊은 느낌이요?

엄마 응. 조용한 것은 우리가 대화를 멈추면 소리가 사라지지. 고요한 것은 그냥 소리가 없어지는 것이 아니라 마음까지 편안해지는 느낌이야.

2단계: 생각할 시간 주기

아이 그럼 고요함은 언제 느낄 수 있어요?

엄마 오늘 우리가 갔던 장소를 생각해 볼까? 학교가 끝난 뒤 낮에 놀이터와 공원에 갔었잖아.

아이 네, 친구들이랑 놀이터에서 놀고 공원에 갔었죠.

엄마 놀이터에서 친구들이랑 놀 때는 어땠어?

아이 시끄러웠어요! 다들 소리 지르면서 뛰어다녔으니까요.

엄마 맞아. 그런데 공원에 가서 나무 벤치에서 잠깐 쉬었을 때는?

아이 그때는 바람이 솔솔 불고 근처 연못에 물도 천천히 흐르고 있었어요.

엄마 그 순간이 바로 고요한 순간이야. 꼭 소리가 아예 없는 것이 고요한 상태가 아니라 작은 소리가 있더라도 마음이 편안해지는 순간이 고요한 거야.

3단계: 단어를 감정과 연결하기

아이 아하! 그러면 밤하늘을 볼 때도 고요한 느낌이 들어요?

엄마 그렇지! 하늘에 반짝반짝 빛나는 별을 보고 있으면 주변이 조용해지고 마음도 편안해지는 느낌이잖아.

아이 엄마, 지금도 고요한 것 같아요. 창밖을 보니깐 차 소리도 거의 안 들리고 불빛만 반짝이고 있어요.

엄마 맞아. 그리고 우리 마음도 차분하고 편안해졌지?

아이 네. 뭔가 따뜻한 느낌이면서 기분도 편안해요.

엄마 그게 바로 고요함의 힘이야. 지금처럼 마음까지 평온하게 만들어 주는 상태란다(아이와 엄마는 한동안 말 없이 창밖을 바라보며 고요함을 함께 느낀다).

이렇게 아이에게 단어와 어울리는 다른 상황을 찾게 하면 아이는 다양한 맥락에서 '고요하다'라는 개념을 스스로 적용할 수 있습니다.

단어 하나로 시작되는
아이의 문장력

단어 하나를 가지고 다섯 단계에 걸쳐 대화를 유도하는 과정이 반복된다고 해 볼까요? 아이는 단어의 단순한 뜻을 알게 될 뿐만 아니라 감각과 감정, 다른 상황에 적용하는 방법까지 머릿속에 퍼즐을 맞춰 가며 단어를 완전히 자기 것으로 만듭니다.

직접적인 설명을 듣지 않아도 상황과 경험을 통해 스스로 이해하고 단어의 의미를 확장하는 것이죠. 이렇게 단어 하나를 대화로 확장해 나가는 과정은 아이에게 단어를 더욱 또렷하고 넓은 의미로 받아들여 다양한 문장에 구사하는 힘을 길러 줄 것입니다.

또한 퍼즐을 맞추듯 단서를 연결하며 단어를 이해하는 과정은 아이의 사고력을 키우는 데 도움이 됩니다. 단어를 비교하고, 추론하며 의미를 찾아가며 스스로 문제 해결 능력을 키울 수 있기 때문이죠. 자연스럽게 언어 감각도 발달합니다. 스스로 단어를 조합하며 머릿속에 그려갈수록 단어의 분위기를 더 잘 느낍니다. 문맥에 따라 적절하게 사용할 수 있는 힘이 커지기 때문입니다. 이 과정에서 말과 글을 표현하는 힘이 더욱 잘 발휘됩니다.

모르는 어휘를 아이와 함께 생각하는 법

초등학교 저학년은 모르는 단어 때문에 책을 읽기 어려워하는 경우가 많습니다. 이럴 때는 다음과 같은 단계에 따라 단어의 의미를 생각해 볼 수 있게 도와주세요.

1단계: 모르는 어휘 찾기
엄마 '대견하다'는 어떤 말일까?

2단계: 앞 뒤 문장을 살펴보며 상황 파악하기
엄마 지금 벌어진 사건은 어떤 상황일까?

3단계: 뜻을 유추하는 질문하기
엄마 엄마는 왜 주인공에게 '대견하다'라고 이야기했을까?

4단계: 아이가 대답할 시간 주기
아이 이 말은 칭찬하는 말과 비슷한 것 같아요.

5단계: 함께 사전 찾기
아이 찾아보니 이 말은 흐뭇하고 자랑스럽다는 뜻이에요.

엄마의 언어로
아이에게
질문하기

 아이가 엄마에게 단어를 질문했을 때, 머릿속에 떠오른 단어를 엄마의 언어로 설명하는 과정은 매우 중요합니다. 이는 아이가 엄마의 세상을 토대로 단어를 더 넓고, 깊게 이해할 수 있기 때문입니다. 엄마의 언어는 아이에게 가장 친숙하면서도 편안한 표현이기 때문에 아이는 낯선 단어를 더 쉽게 이해할 수 있습니다.
 엄마가 친절하게 풀어서 이야기해 줄 때, 동시에 아이의 자신감도 늘어납니다. 학교나 학원에서 "이걸 질문해도 될까?"라고 고민하던 것들이 괜찮아집니다. 아이는 궁금한 내용을 엄마에게 언제든지 질문할 수 있다는 자신감이 생깁니다. 말하는 데 망설임이 없어지니, 자유롭고 참신한 말을 즐겁게 하기 시작하죠.

이순신 장군의 위인전을 읽고 아이가 '대담하다'라는 의미를 몰라 엄마에게 질문했다면, 어떻게 대화를 이어갈 수 있을지 예시를 들어보겠습니다.

1단계: '대담하다' 단어 이해하기

아이 엄마, 오늘 이순신 장군 이야기를 읽고 선생님이 전쟁 때 이순신 장군이 정말 "대담했다"라고 말씀하셨는데, 그게 무슨 뜻이에요?

엄마 이순신 장군이 대담하다고 하셨구나! 엄마가 설명해 줄게. 이순신 장군이 전쟁 때 어떤 모습이었는지 떠올려 볼까?

아이 적을 두려워하지 않고 용감하게 싸웠어요.

엄마 맞아. 위험하고 어려운 상황에서도 두려워하지 않고 적극적으로 맞서는 모습이었지. 이런 상황에 '대담하다'라는 말을 쓸 수 있어.

2단계: 비슷한 의미의 단어 비교하기

아이 그럼 그냥 용감한 거랑은 다른 거예요?

엄마 용감한 거랑 비슷하긴 하지만, 조금 더 과감한 느낌이 있어. '용감하다'는 무서움을 이겨내는 마음이고 '대담하다'는 무서움을 아예 두려워하지 않는 것처럼 보일 정도로 행동하는 거야.

아이 그럼 이순신 장군에게 어떤 일이 있어서 대담하다고 말한 거예요?

엄마 음, 예를 들어볼까? 책에서 읽은 명량해전 기억나? 그때 이순신 장군은 배가 열두 척밖에 없었는데 일본 군대는 배가 100척이 넘었지. 숫자만 봐도 정말 겁나는 상황이지?

아이 와, 진짜 많아요! 열두 척으로 어떻게 싸웠어요? 엄청 무서웠을 것 같은데요.

엄마 맞아. 겁이 나서 물러설 수도 있었을 거야. 하지만 이순신 장군은 "아직 열두 척이 남아 있다!"라면서 포기하지 않았어. 병사들도 많이 두려워했는데, 이순신 장군이 "내가 앞에서 싸울 테니 두려워하지 말라!"라고 말했대. 이런 모습을 대담하다고 하는 거야.

3단계: 이해한 단어 활용하기

아이   와, 진짜 멋있어요. 무서웠을 텐데 어떻게 그렇게 할 수 있었을까요?

엄마   그게 바로 이순신 장군의 대담함이야. 이순신 장군도 분명 두려웠을 거야. 하지만 나라와 백성을 지키겠다는 마음이 컸기 때문에 두려움을 이겨내고 강하게 행동할 수 있었던 거지. 그러한 행동이 병사들에게도 용기를 주었고, 결국 큰 승리를 이끌었지.

아이   그러면 대담하다는 것은 그냥 겁 없이 무작정 하는 것이 아니라, 뭔가 중요한 것을 지키기 위해서 강하게 행동하는 거네요!

엄마   맞아. 대담함은 중요한 목표나 가치를 지키기 위해 용감하게 나서는 거야. 그래서 이순신 장군의 모습은 단순히 용감한 것을 넘어서 정말로 책임감 있는 모습이라 할 수 있어.

아이   이제 알겠다. 나도 나중에 무서워도 꼭 해야 할 일이 있으면 이순신 장군처럼 대담하게 행동해야지!

엄마   정말? 네가 그런 마음을 가진다면 정말 멋진 거야!

아이   고마워요. 엄마 이야기를 들으니까 이순신 장군이 더 대단하다고 느껴져요.

책, 영화, 경험을 활용해 단어 설명하기

위의 예시는 이순신 위인전을 읽고 적용한 사례이지만, 이 외에도 엄마의 언어로 설명하는 방법은 다양합니다.

먼저 엄마가 단어의 분위기를 느끼고, 활용할 수 있는 상황을 찾아주세요. '대담하다'라는 단어를 아이에게 설명할 때 처음 해외여행을 가서 두려웠던 상황, 어렸을 때 혼자서 두려움을 이기고 행동했던 엄마의 기억 등을 떠올립니다. 그리고 새로운 상황 앞에서 두렵지만 해 보자고 마음을 먹었던 실제 경험을 자세히 말해 주세요. 단어의 의미가 아이에게 조금 더 생생하게 전달될 수 있습니다.

딱히 경험이 떠오르지 않는다면, 영화나 다른 책 주인공에 적용할 수 있는 사례를 찾아봅니다. 예를 들어, '대담하다'라는 단어를 영화에서 주인공들이 위험한 상황에서 두려움을 이겨내고 악당에게 맞서는 모습을 활용합니다. 아니면 아이가 좋아하는 만화에서 용감하고, 과감하게 행동하는 주인공을 찾아보세요.

그리고 아이에게도 적용할 수 있는 상황이 있는지 같이 생각합니다. 이어 아이 스스로 생각해 볼 수 있도록 질문을 던집니다. 아이가 처음 자전거를 배웠을 때나 무언가를 두려움을 이기고 과감하게 도전했던 경험을 떠올릴 수 있게 대화를 유도합니다.

마지막으로 비슷한 유의어나 반대말을 엄마의 언어로 설명하면 아이는 단어의 개념을 조금 더 확장해서 이해합니다. 이 과정을 함께한다면 단어 하나로 이어지는 생각의 크기는 훨씬 넓어질 것입니다.

이때는 꼭 아이의 눈높이로 맞춰 쉬운 단어로만 설명할 필요는 없습니다. 아이가 언어 자극을 받을 수 있도록 하는 것이 핵심입니다. 모든 대화를 너무 쉽게 설명하는 것이 아닌, 엄마가 평소 쓰는 단어를 사용해 대화를 나눠주세요. 아이가 새로운 단어를 자연스럽게 받아들이고, 활용할 수 있는 상황을 스스로 터득해 나가도록 대화를 유도하는 것이죠.

아이가 엄마의 단어 중에 모르는 말이 있다면 질문할 것입니다. 그때마다 상황에 맞게 풀어서 설명해 줍니다. 아이에게 엄마의 세상 속 언어를 보여 준다는 느낌으로 이야기해 주세요. 아이는 새로운 세상의 단어를 이해하고 생각의 크기를 넓히는 경험을 하게 될 것입니다.

엄마의 언어로 이야기할 때 주의해야 할 점

✔ 사전적 정의가 아닌, 엄마의 경험과 연결된 말로 풀어주세요. 예를 들어 '배려'를 설명할 때 하면 좋은 말은 다음과 같습니다.

엄마 배려는 도와주거나 보살펴 주려고 마음을 쓰는 거야(X)
엄마가 수민이 화가 났을 때 말하고 싶어 하지 않는 것 같아서 기다려주던 날 기억나?(O)

✔ 아이가 일상생활에서 경험할 수 있는 상황을 예시로 들어주세요. '적극적'이라는 단어를 예로 들어보겠습니다.

엄마 선생님이 질문했을 때 번쩍 손을 들고 이야기했던 날을 떠올려볼까?

✔ "모르니 엄마가 설명해줄게"라는 태도는 지양해 주세요. 그것보다는 "이건 엄마도 어릴 때 잘 모르던 단어야"라며 함께 알아가도 괜찮다는 태도를 보여 주세요.

✔ 궁금해하는 단어뿐만 아니라, 그 단어와 비슷한 단어, 반대 의미의 단어 등을 함께 이야기하며 아이의 어휘력을 확장해 주세요.

국어사전, 오늘의 단어 영양제

우리가 건강을 위해 영양제를 먹는 것처럼, 아이의 언어력을 키우기 위해 '단어 영양제'를 활용하는 방법을 설명해 보겠습니다. 단어 영양제란 단어의 의미를 더 깊이 이해하고 어휘력을 학습하기 위해 국어사전이나 속담, 사자성어, 신문 등을 활용하는 방법입니다. 이번 활동은 '국어사전'이라는 단어 영양제를 활용해 대화를 이끌어 가는 과정입니다.

요즘은 초등학생 아이들이 두꺼운 국어사전을 펼치거나 가지고 다니는 일이 거의 없습니다. 스마트폰 속의 온라인 사전만 열면 손쉽게 단어의 의미를 알 수 있으니까요. 저는 집에 국어사전이 한 권씩 있으면 좋겠습니다. 엄마와 함께 대화하면서 단어 영양제를 활용할 때는 온라인 '표준국어대사전'을 활용하는 방법도 괜찮습니다. 아이에게 대화 내용을 간단하게라도 적을 것을 권해 보세요. '아이만의 단어장'이 만들어집니다.

 국어사전을 활용할 때 좋은 점은 단순히 뜻을 아는 것을 넘어 아이의 표현력과 사고력을 기르는 데 도움을 준다는 것입니다. 하나의 단어에 대해 유의어와 반의어도 함께 볼 수 있기 때문에 단어의 의미를 더욱 깊이 이해할 수 있습니다. 예를 들어, 우리가 '슬기롭다'라는 단어를 찾으면 '영리하다', '총명하다', '똑똑하다' 등의 유의어를 확장해 알 수 있습니다.

 또한, 예문을 보며 같은 단어라도 맥락에 따라 다르게 해석될 수 있다는 점을 아이는 자연스럽게 익히게 됩니다. 만약 '가치'라는 단어를 '경제적 가치'와 '도덕적 가치'로 나눠 차이를 비교하면 단어의 느낌을 좀 더 분명하게 이해할 수 있습니다.

위인전에 더하는
단어 영양제

 다음은 아이가 이순신 장군의 위인전을 읽은 뒤 국어사전을 활용한 대화의 예시입니다.

1단계: 사전에서 단어 찾기

아이 엄마, 책에 "유성룡과 헤어진 이순신은 책을 읽으며 마음의 수양을 쌓았어요"라고 나와 있어요. 이 문장에서 '수양'이 무슨 뜻이에요?

엄마 응, '수양'이란 단어가 궁금했구나! 우리 국어사전에서 스스로 찾아볼까?

아이 네! (사전을 펼치며) 여기 있네요. "몸과 마음을 갈고 닦아 품성이나 지식, 도덕 따위를 높은 경지로 끌어올림"이라고 나와 있어요.

2단계: 사전에서 모르는 의미 질문하기

엄마 잘 찾았네! 그런데 사전의 설명을 읽고도 이해가 안 되는 말이 있어?

아이 음…. '몸과 마음을 갈고 닦는다'는 게 무슨 말이에요?

엄마 닦는다는 것은 단순히 청소할 때 쓰는 말이 아니야. 배우고 익힌다는 의미로 노력해서 더 나아지게 한다는 뜻이야. 그러니깐 몸과 마음을 더 노력해서 좋은 방향으로 키워 나간다는 뜻이지.

아이 '품성'은 들어보긴 했는데, 정확한 의미는 모르겠어요.

엄마 타고난 성질을 아울러서 이르는 말이야. 쉽게 이야기하면 마음이나 성격처럼 타고난 성질을 의미하지.

아이 그럼 품성이나 지식, 도덕 따위를 높은 경지로 끌어올린다고 했는데 '경지'는 무슨 말이에요?

엄마 몸이나 마음, 도덕 따위를 어떤 단계에 이르도록 있는 상태를 의미해.

아이 아하! 그러면 이순신 장군님이 책을 읽으면서 더 바르고 착한 마음을 키우려고 노력했다는 뜻이구나!

엄마 맞아. 전쟁 중에 힘들고 어려운 상황 속에서도 자신의 마음을 단단히 지키고 바른 판단을 하기 위해서 책을 읽으며 수양을 쌓은 거야.

3단계: 단어와 어울리는 주변의 상황 떠올리기

아이 이순신 장군님은 정말 대단한 분이네요! 저도 지금 책을 읽으면서 마음의 수양을 쌓는 거죠?

엄마 물론이지! 이순신 장군의 책을 읽으면서 새로운 것을 배우고, 지금처럼 생각을 깊게 하다 보면 너도 마음과 생각의 크기를 키울 수 있을 거야. 그게 마음의 수양이야. 아래를 보니 비슷한 말로는 '단련', '수련'이라는 단어가 나와 있네.

아이 네! 사전으로 찾아보길 정말 잘했어요. 어렵던 단어가 조금씩 이해되는 느낌이에요!

엄마 응, 우리 하나하나 알아가 보자! 오늘 배운 수양이라는 단어와 의미를 수첩에 한 줄로 적어 보고 꺼내 본다면 더 오래 기억할 수 있겠지?

이렇듯 국어사전이라는 영양제를 활용해 '수양'의 의미를 배우고, 이순신 장군의 마음가짐을 이해하는 과정을 담아 보았습니다. 사전에서 접할 수 있는 유의어나 반의어를 동시에 알아보고 예문까지 활용한다면 아이의 어휘력은 넓어지고, 깊어질 것입니다. 사전에서 찾은 단어를 활용해 문장 하나를 만들 수 있다면 아이는 정확한 단어의 쓰임새를 이해한 것입니다.

단어 영양제를 활용해 단어의 의미를 알아가는 것은 단순히 어휘 학습을 넘어 아이의 생각을 좀 더 풍부하고 입체적으로 표현하는 데 도움을 줍니다. 문장을 구성하고, 표현할 때도 조금 더 명확한 단어를 사용할 수 있게 됩니다.

아이가 초등학생 3학년 정도가 되면 스스로 모르는 단어를 국어사전에서 찾아보게 해 주세요. 새로운 단어의 정보를 찾고 탐색하며 분석하는 능력을 쌓을 수 있습니다. 이는 학습에 대한 흥미와 동기를 부여하는 긍정적인 효과로 이어질 수 있습니다.

'모함'에 단어 영양제 활용하기

집에서 단어 영양제를 어떻게 활용하면 좋을까요? '모함' 단어 뜻을 알아가는 대화 구성 예시입니다.

1단계: 단어 발견
책 속에서 아이가 '모함'이라는 단어를 발견하고 질문합니다.

2단계: 사전 활용
국어사전에서 정확한 뜻을 찾습니다. "모함은 나쁜 꾀로 남을 어려운 처지에 빠지게 한다"라는 의미를 함께 읽습니다.

3단계: 사례 연결
이순신 장군의 이야기와 단어의 의미를 연결합니다. "이순신 장군은 실제로 잘못이 없었는데, 신하들의 말로 왕에게 나쁜 사람처럼 보이는 거야"처럼요.

4단계: 감정 이입
"너무 억울했을 것 같은데 너라면 어떻게 행동했을까?"라는 질문으로 아이의 감정과 비교하며 깊은 이해를 유도합니다.

5단계: 의미 확장
거짓말의 위험성이나 말의 힘에 대해 아이와 대화를 나눕니다.

'희생'에서 '봉사'까지, 덧붙이기 질문법

아이는 엄마가 자신의 말을 충분히 잘 듣고 있을 때 자신을 공감해 준다고 느낍니다. 이럴 때 아이의 말에 덧붙이며 대화하는 '덧붙이기 질문법'은 아이의 자존감을 높이면서 어휘력을 폭발시키는 방법이 됩니다.

예를 들어 아이가 책 속에 등장하는 동물을 보고 "강아지!"라고 외쳤을 때 엄마는 "그래, 강아지야!"라고 대답하는 대신 "그래, 귀여운 강아지가 풀밭에서 폴짝폴짝 뛰어놀고 있지?"라고 말을 덧붙이면 아이는 '강아지'라는 단어 외에도 '귀엽다', '풀밭', '폴짝폴짝' 등의 새로운 단어와 표현을 자연스럽게 받아들일 수 있습니다.

 엄마의 언어가 덧붙이는 과정에서 아이의 생각이 자라나고, 어휘력이 늘어납니다. 엄마가 쓰는 새로운 단어, 표현을 접하고 아이가 이해할 수 있다면 대화의 깊이는 더욱더 깊어집니다.

말을 덧붙여 '희생' 의미 확장하기

 다음은 《이순신》에 등장하는 '희생'이라는 단어에 말을 덧붙여 어휘력을 확장하는 대화 예시입니다.

1단계: '희생'의 의미 질문하기

아이 엄마, 책에서 "오랑캐의 침입을 받아 우리 군사들이 많이 희생되었습니다"라고 나오고, 마지막에도 "이순신 장군이 희생하셨다"라는 단어가 나오는데 '희생'이 무슨 말이에요?

엄마 '희생'이라는 단어가 궁금했구나! 이순신 장군의 희생은 정말 대단했지. 책 속 마지막에 이순신 장군의 모습을 보니 어떤 느낌이 들었어?

아이 음…. 나라를 위해 자신의 목숨까지 포기한 것 같았어요.

엄마 맞아! 목표를 위해 자신을 포기하거나 어떤 것을 잃으면서도 더 중요한 것을 지키는 것이 바로 희생이야. 이순신 장군은 나라를 위해 자신의 안전과 가족과의 시간을 희생하신 거야.

2단계: 비슷한 의미의 단어를 떠올려보기

엄마 혹시 '희생'과 비슷한 말이 떠오르니?

아이 잘 모르겠어요. 생각이 안 나요.

엄마 괜찮아! '희생'과 비슷한 말로는 '헌신'이 있어. 헌신은 누군가를 위해 자신의 시간이나 노력을 기꺼이 바치는 거야. 이순신 장군은 나라를 위해 목숨까지 바쳤으니 헌신하셨다고 할 수 있어.

3단계: 주변 상황에 적용되는 비슷한 단어 떠올리기

아이 헌신이라…. 그럼 우리 주변에 간호사, 소방관님들도 사람들을 위해 헌신하시는 거죠?

엄마 맞아, 간호사, 소방관님들도 위험 속에서 다른 사람들을 위해 노력하는 거니깐 헌신하고 있다고 볼 수 있지. 또 비슷한 단어로는 '봉사'라는 말이 있어. '봉사'는 다른 사람을 위해 기꺼이 힘을 쓰는 거야.

아이 봉사! 학교에서 봉사활동 할 때가 떠올라요. 학교 앞 공원을 다 같이 청소했거든요.

엄마 맞아. 다 같이 청소하는 것도 다른 사람들을 위한 마음으로 시간을 내고 노력했으니까 봉사야. 그 봉사도 작은 희생이 될 수 있어. 시간을 내서 힘을 썼으니깐 말이야. 이러한 사람들은 모두 대부분 마음속에 '이타심'이 많다고 할 수 있어.

아이 처음 들어봐요!

엄마 '이타심'은 자신보다 다른 사람을 먼저 생각하고 배려하는 마음이야. 이순신 장군의 희생은 이타심에서 나온 것이라 할 수 있지. 자신의 목숨보다 나라와 백성을 먼저 생각했으니까.

4단계: 반대 의미 단어 떠올리기

아이 그러면 '이기심'과는 반대말인 거죠?

엄마 맞아! 이기심은 자신의 이익이나 욕심만 생각하는 것이고, 이타심은 다른 사람의 행복이나 이익을 먼저 생각하는 거야. 희생, 헌신, 봉사는 모두 이타심과 관련이 있어.

아이 '희생'이라는 단어를 처음 들었을 때 무서웠는데, 이제는 멋진 말인 것 같아요.

엄마 정말 멋지지? '희생'과 관련된 단어를 떠올리면 그 속엔 따뜻함이 숨어 있어. 너도 이 마음을 잘 간직하길 바랄게!

이 대화는 엄마가 아이의 말을 적극적으로 덧붙이며 '희생'이라는 단어를 '헌신'과 '봉사', '이타심'으로 확장하며 단어를 폭넓게 이해할 수 있도록 구성한 대화입니다. 이런 덧붙이기 질문법은 아이의 어휘력뿐만 아니라 사고력과 감수성까지 키울 수 있습니다.

말을 하나씩 더하는 것이 시작입니다

처음부터 아이에게 다양한 어휘를 알려 주겠다는 부담은 버리고, 아이의 말끝을 반복하며 말을 덧붙여 주세요. 그 과정에서 엄마가 쓰는 단어와 표현이 자연스럽게 나오고 아이는 그 과정에서 새로운 어휘를 습득할 수 있습니다.

단, 아이의 수준에 맞는 단어 어휘의 확장이 이뤄져야 한다는 점을 유의하셔야 합니다. 아이의 어휘력을 키우고 싶은 엄마의 의도가 커져 너무 어려운 단어 위주로 대화가 이어진다면 아이는 금세 흥미를 잃습니다.

아이가 평소 사용하는 단어와 비슷한 수준의 단어와 한 단계 더 높은 수준의 단어를 적절하게 섞어서 대화하는 것이 핵심입니다. 아이가 "지금 주인공이 울고 있어"라고 말한다면 "맞아. 주인공이 지금 잘하려다가 다쳤으니 서러울 수도 있겠다"라고 말하면 '서럽다'라는 단어를 자연스럽게 접하게 해 주세요.

아이가 대화의 흐름을 이어가다 새로운 단어를 사용했다면 "어떻게 알았어?", "맞아 이 단어도 사용했구나!"라며 칭찬과 함께 아이의 언어 사용을 인정하고 관심을 보이는 태도도 중요합니다. 인정은 아이가 자신의 언어에 대해 지속적인 관심을 가질 수 있도록 유도할 수 있기 때문입니다.

무엇보다 '덧붙이기 대화법'의 목적은 아이가 단어를 즐겁게 사용하고 표현할 수 있도록 도움을 주는 데 있습니다. 만약 아이가 새로운 어휘에 흥미를 보이지 않거나 시큰둥하다면 억지로 강요하지 않는 것이 중요합니다. 조금은 인내심을 가지고 아이를 기다리며, 자연스럽게 새로운 단어를 접할 수 있도록 분위기를 조성해 주세요.

아이의 말을 덧붙여 어휘력을 확장하는 것은 엄마의 세심한 배려와 관심이 필요한 과정입니다. 아이에게 긍정적인 피드백을 하고, 새로운 단어를 표현할 수 있도록 도와주세요. 이는 아이의 정서적인 성장과 자신감을 높이는 데에도 긍정적으로 작용합니다.

효과적인 덧붙이기 질문법을 위한 조언

- ✔ 아이의 말끝을 반복해서 따라가며 대화의 흐름을 유도하면 좋습니다. 예를 들어 아이가 "엄마, 책 주인공이 너무 멋있어요"라고 말한다면, "책 주인공이 그렇게 멋있었어? 어떤 장면 때문에?"라고 답하며 흐름을 이어 나가게 도와주세요.

- ✔ 아이에게 설명해 주기 전, 아이 수준에 맞는 어휘인지 한번 생각해 보세요.

- ✔ 아이가 새로운 단어를 알아내거나 표현했을 때 반드시 칭찬해 주세요. 혹시 아이가 새로운 어휘에 반응을 보이지 않아도 강요하지 말고 기다려 주세요.

- ✔ 아이가 대화를 놀이처럼 즐길 수 있도록 도와주세요. 따뜻한 분위기를 만들고, 아이의 상상력을 지지해 주세요.

3장

책 속 한 장면,
아이 마음에
남게 하려면

엄마의 장면 하나 질문법

기억은
문장이 아닌
장면으로 남는다

일상에서 새로운 전환이 필요할 때나 마음이 지칠 때, 우리는 종종 여행을 떠납니다. 낯선 마을의 향기, 바닷가의 잔잔한 파도 소리처럼 감각적으로 남는 순간은 시간이 지나도 잊히지 않습니다.

책을 읽다가도 마음을 붙잡는 장면을 만날 때가 있습니다. 문장을 따라 가던 시선이 어느 순간 멈추고, 머릿속에 생생한 이미지가 그려집니다. 주인공이 걷는 길, 등장인물의 눈빛, 주변 배경의 소리까지. 그 장면은 책 속에 있지만, 동시에 아이 마음에도 선명히 새겨집니다.

책 속의 장면을 여행지처럼 기억해 보는 것은 어떨까요? 책 속으로 여행을 왔다고 생각하고 인상 깊은 장면을 '여행지'로 아이의 마음에 담는 방법입니다. 마치 우리가 그 현장에 있던 사람처럼 장면을 체험하는 독서를 하는 것이지요.

여기서 중요한 것은 문장이 아니라 '장면'으로 기억하는 것입니다. 대부분의 글은 시간이 지나면 흐려지기 쉽습니다. 그런데 어떤 장면은 쉽게 잊히지가 않습니다. 예를 들어 "아이가 슬펐다"라는 문장은 금세 잊히지만, "불 꺼진 방 안에서 아이는 고개만 푹 숙이고 있었다"라는 구체적인 장면은 오래도록 머릿속에 남습니다. 이는 우리의 뇌가 정보보다 감각적인 경험을 더 잘 기억하기 때문입니다. 여행에서 느꼈던 냄새나 소리, 감정처럼 책 속 장면도 직접 체험한 것처럼 이미지화되면 오래 기억됩니다.

독서가 특별한 경험이 될 수 있도록

여행지에서의 경험은 특별합니다. 낯선 곳에서는 주변의 사람들, 길가에 핀 꽃 하나하나가 눈에 들어옵니다. 아이가 책 속 장면을 여행지처럼 느낄 때 장면을 이미지로 전환해 주인공의 말투와 표정, 배경의 분위기까지 떠올릴 수 있습니다.

아이가 인상 깊은 장면 하나를 여행지의 배경부터 분위기까지 충분히 상상할 수 있게 해 주세요. 아이가 느끼는 감각을 또렷하게 떠올리며 머릿속에 이미지화하는 과정이 충분히 진행되어야 합니다. 주인공의 말투와 표정, 배경의 소리와 온도까지 머릿속에 그려보며 나만의 풍경을 만들어 봅니다. 아이는 장면 속 인물이 되어 그들과 함께 걷고, 듣고, 느끼며 이야기를 즐깁니다. 순간적으로 떠오르는 이미지와 이야기 조각들은 여행지의 감성을 더욱 풍부하게 만듭니다.

어느 날 기억한 장면 하나가 아이 스스로도 예상치 못한 생각의 실마리가 되기도 합니다. "왜 그 장면이 특별하게 기억에 남았을까?"라고 스스로에게 질문을 던지고, 장면을 다시 불러내고, 그것은 풍부한 이야기로 이어집니다.

책 속 장면을 여행지로 떠올리는 독서를 반복하다 보면, 일상에도 작은 변화가 생깁니다. 아이가 생활하는 장소에서도 겪은 일이 '읽히기' 시작합니다. 평범한 하루 속 풍경도 문학적인 순간처럼 보일 수 있고, 엄마의 말 한마디, 눈빛 하나에도 아이의 이야기가 담깁니다. 책을 읽는 방식이 달라지면, 아이가 세상을 바라보는 감각도 자라납니다.

이런 감각의 변화는 아이의 세상을 무채색에서 벗어나게 합니다. 아이가 엄마를 기다리며 친구에게 건넨 말, 놀이터에 앉아 예쁜 꽃들을 본 순간. 이런 일상의 장면들도 하나의 이야기처럼 다가올 수 있습니다.

독서를 통해 장면을 감각하는 방법을 익히면 아이의 세상이 더는 단색으로 흐르지 않습니다. 익숙한 풍경 속에서 새로운 의미를 발견할 수 있습니다. 책 속의 장면이 마음 속 여행지였다면, 아이의 삶의 장면은 여행에서 돌아와 만나는 또 다른 예쁜 풍경이 됩니다.

마지막으로 우리가 중요하다고 생각하는 '문해력'과 관련해서 살펴볼까요? 문해력은 정보 처리의 기술이 아닙니다. 텍스트의 숨은 감각을 읽어내는 힘입니다. 등장인물의 말 뒤에 숨은 의미를 찾아내고, 간단한 문장에서 복잡한 감정을 끌어내는 힘, 이 힘은 아이가 장면을 떠올리는 머릿속에서 확장됩니다. 그리고 그 장면이 마음속에서 살아 움직일 때, 비로소 진짜 독서가 시작됩니다.

인상 깊은 장면 하나가 아이의 마음을 흔들고, 그 흔들림이 남은 문장을 읽게 만듭니다. 오늘 아이와 책을 읽고 함께 기억하고 싶은 장면을 함께 펼쳐보세요. 그 풍경이 아이에게 또 다른 이야기가 되어 돌아올지도 모릅니다.

아이가 장면을 여행지로 떠올리는 법

1단계: 배경부터 분위기까지 상상하기
주인공의 말투와 표정, 배경의 소리와 온도까지 머릿속에 그리는 시간입니다. 아이가 자유롭게 상상하도록 질문을 던져 주세요.

엄마 주인공이 서 있는 주변에는 어떤 것들이 눈에 들어왔어? 그 장면에 들어가서 주인공 옆에 있다고 상상하면 어떤 기분이 들어?

2단계: 감각을 구체적으로 떠올리기
느껴지는 냄새, 소리, 촉감을 상상하며 아이만의 풍경을 만들 수 있게 유도해 주세요.

엄마 눈을 감고 그곳에 있다고 상상해봐. 가장 먼저 들리는 소리와 냄새를 떠올려 줄래?

3단계: 장면 속 인물이 되어보기
아이가 주인공이 되어 그들과 함께 걷고 듣고 느끼며 이야기를 즐길 수 있게 질문해 주세요.

엄마 등장인물들과 함께 걷다가 멈췄을 때, 어떤 표정을 짓고 있을 것 같아?

등장인물과
친구가
되는 순간

여행지에서 만난 사람들 중 유독 마음에 남는 사람이 있습니다. 어떤 장소에서 유쾌하게 다가온 사람일 수도 있고, 나와 비슷한 경험을 공유하고 있는 사람일 수 있습니다. 혹은 아무 이유 없이 그냥 좋은 느낌이 들어 기억에 남는 사람도 있습니다. 이유를 정확히 설명하긴 어려워도, 그 인물과 친구가 될 수 있다면 참 좋겠다는 생각이 들기도 합니다.

책 속에서도 장면마다 이런 만남이 이루어집니다. 여행하듯 책을 읽다 보면 어느 순간 한 등장인물이 유난히 마음에 들어오는 때가 있습니다. 이번 단계에서는 바로 그런 인물과 친구가 되는 상상을 할 것입니다. 책 속 여행지에서 만난 인물과 함께 이야기를 나누고, 산책을 하며 고민을 나누는 상상을 해 보는 것이죠. 책 속 인물과 친구가 되는 상상은 단순한 공상이 아닙니다. 이는 독서를 더 깊고 감성적으로 이어 주는 감정적 연결 고리가 됩니다.

아이가
책에 빠져드는 순간

아이가 여행지에서 "나, 이 사람이 제일 좋아" 혹은 "이 인물은 왜 이렇게 마음이 쓰이지?"라고 느껴지는 순간, 독서는 더이상 글자 읽기가 아닙니다. 그 순간부터 아이의 마음속에서 책은 살아 숨쉬기 시작합니다. 특정 등장인물이 좋아졌다는 것은 이미 아이 마음속에 어떤 연결의 실마리가 생겼다는 뜻이기 때문입니다.

이러한 연결고리는 매우 중요합니다. 우리가 기억하는 대부분의 책은 줄거리보다는 인물 때문입니다. 《톰 소여의 모험》에 등장하는 톰 소여, 《빨간 머리 앤》의 주인공 앤처럼 인물이 했던 말과 행동이 책 전체의 인상을 이끌기도 합니다. 이들과 친구가 되고 싶은 마음은 그만큼 인물을 충분히 이해했다는 의미이고, 책이 아이의 마음속에 닿았다는 뜻입니다.

다음은 한스 크리스티안 안데르센의 동화 《눈의 여왕》을 읽고, 여행지에서 만난 인물을 떠올리고 상상하며 나누는 대화 예시입니다.

엄마 책 속 여행지에서 만난 사람 중에 친구가 되고 싶은 사람이 있었어?

아이 네. '게르다'라는 여자 아이가 기억에 남아요.

엄마 게르다의 어떤 점이 마음에 들었어?

아이 노래를 잘 부르고 저처럼 꽃을 좋아하는 것 같아요.

엄마 게르다를 어디에서 처음 만났어?

아이 장미가 아름답게 활짝 핀 골짜기에서요. 옆에 카이라는 남자아이도 있었어요. 둘이 노래를 부르는데 그 노랫소리가 너무 아름다웠어요.

엄마 게르다를 보고 어떤 생각이 들었어?

아이 꽃을 좋아하고 노래를 좋아하는 것을 보니 따뜻한 마음을 가진 아이 같아요.

엄마 게르다와 만나서 어떤 놀이를 했어?

아이 나도 같이 노래를 불렀어요. 좀 더 가까워진 느낌이에요.

이렇듯 책 속 인물과 친구가 되는 상상은 독서를 현재 진행형으로 바꿔 줍니다. 엄마가 아이에게 "왜 그 인물이 좋았는지", "친구가 된다면 어떤 것을 하고 싶은지"와 같은 질문을 던지면, 아이는 자신의 감정을 언어로 정리하게 됩니다. 이 과정에서 막연했던 마음이 선명해지고, 책 속 인물이 아이의 마음속에서 더 분명하게 자리 잡습니다. 좋아하는 인물과 친구가 되고 싶은 마음은 결국 타인을 이해하고, 그와 교감하려는 마음으로 이어지기 때문입니다.

친구가 되고 싶은 인물, 현실 속 관계로 이어지다

오늘 하루 아이에게 친구와 함께 지낸다면 어떤 말을 건네고, 무엇을 하고 싶은지 물어보세요. 아이는 여행지에서 만난 인물을 떠올리며 책을 '나의 이야기'로 받아들이게 됩니다. 그 인물과 감정적으로 연결될수록 여행지에서 얻은 느낌과 감각이 더 오래 남습니다.

독서를 하고 아이가 "이 등장인물이 친구가 되고 싶을 정도로 참 좋았어"라고 말할 수 있는 것은 마음의 어느 한 곳에 그 책이 자리를 잡았다는 의미입니다.

독서와 감정이 연결될 때, 그 책은 더 이상 텍스트가 아닌 '경험'이 됩니다. 이런 경험은 현실에서 타인과의 관계를 바라보고, 이해하는 감각까지 키워 줄 수 있습니다. 단순히 사람을 이해한다고 말하는 대신, "이 사람은 어떤 말을 듣고 싶을까?"를 스스로 고민했기 때문입니다. 책으로 마음을 움직여 본 아이는, 실제 관계에서도 말과 행동을 좀 더 따뜻하게 건네는 아이로 자랄 수 있습니다.

어느 날 문득, 아이는 여행지에서 "이럴 때 이 등장인물이라면 뭐라고 했을까?"를 떠올릴지도 모릅니다. 그 순간 독서는 아직 끝나지 않은 것입니다. 책 속 인물과 아이는 여전히 함께 길을 걷고 있는 것이니까요.

독서란 때때로, 인생의 어떤 시기에 조용히 찾아온 친구를 만나는 일입니다. 그 친구와 마음의 대화를 나누는 일은, 살아가는 길 위에서 나를 외롭지 않게 만드는 작은 등불이 되어 줄 것입니다.

어쩌면 좋은 책이란 마음에 든 인물을 오랫동안 마음에 새기는 일이고, 좋은 독서란 아이가 그 인물과 오래 이야기 나누는 방식일지도 모릅니다. 오늘도 아이가 만난 책 속 친구와 마음을 나누는 따뜻한 대화를 이어가 보세요. 그 속에서 아이의 생각은 더 깊어지고, 아이가 바라보는 세상은 더 넓어질 것입니다.

친구가 되고 싶은 등장인물 찾기

아이가 책 속 등장인물과 친구가 되는 순간, 책은 그저 글이 아닌 아이의 이야기가 됩니다. 그 인물이 꼭 주인공이어야 하는 것은 아닙니다. 아이가 자유롭게 표현할 수 있도록 다음과 같이 질문해 보세요.

1단계: 인상 깊은 장면을 기억하게 하기
엄마 어떤 장면에서 인물이 멋지게 느껴졌어?

2단계: 성격을 기준으로 인물을 떠올리기
엄마 어떤 성격의 인물이 너랑 잘 맞을 것 같아?

3단계: 아이와 비슷하거나 반대의 인물 비교하기
엄마 너랑 닮은 점이 있어? 아니면 반대의 모습이야?

4단계: 등장인물과 친구가 되고 싶은 이유를 물어보기
엄마 왜 그 친구가 마음에 들어?

5단계: 함께 대화하거나 노는 모습을 상상하게 하기
엄마 그 친구와 무엇을 하며 놀고 싶어?

글에서
느끼는
소리와 냄새

어느 날, 교실에서 한 아이가 동화책을 읽다가 이렇게 말합니다.

"선생님, 이 장면에서는 향긋한 꽃향기가 나는 것 같아요."
"그래? 어떻게 느껴져?"
"달콤하면서도 기분이 설레는 듯한 냄새예요."

짧은 이 한마디 속에는 중요한 의미가 담겨 있습니다. 아이가 단순히 글자를 읽는 것이 아니라, 책 속 세계를 감각적으로 이해하고, 경험하고 있다는 신호이기 때문입니다. 눈으로 보는 것만으로는 부족했던 이야기가 아이의 코끝으로 스며들기 시작한 것이죠.

책 속의 장면을 시각적인 그림으로 떠올리는 데 그치는 것이 아니라 소리와 냄새까지 더해진다면 아이는 책을 더 깊이 이해합니다. 그 순간 책은 더 이상 정보의 나열이 아닙니다. 살아 움직이는 감각적인 체험이 되고, 아이 마음속에 오랫동안 머무는 기억이 됩니다. 아이들이 책 속 장면을 더 생생하게 떠올릴 수 있도록 돕는 가장 좋은 방법은 질문을 던지는 일입니다. 그렇다면 어떻게 질문하면 좋을까요?

"이 장면에선 어떤 소리가 들렸을까?"
"그곳은 어떤 냄새가 났을까?"
"날씨는 어땠을까?"

등장인물의 마음에 몰입하기

감각을 자극하는 질문은 아이의 상상력을 열어 줍니다. 감각적 표현은 글의 연결 고리를 단단하게 만들어 줍니다.

아이가 어떤 장면에서 "따끈따끈한 빵 굽는 냄새가 나는 것 같아요", "보슬보슬 비 내리는 소리가 들리는 것 같아요"처럼 소리와 냄새로 표현할 수 있다면, 그 장면은 단순한 정보 전달을 넘어섭니다. 아이에게 생생한 경험으로 남게 되고, 이야기 구조를 줄거리만 기억하는 것이 아닌 효과적으로 이해할 수 있는 힘이 생깁니다.

예를 들어 《눈의 여왕》에서 카이가 돌아오지 않자 게르다가 강물에 앉아 있는 장면을 읽었다면, 다음과 같은 대화를 나눌 수 있습니다.

엄마 게르다가 카이를 찾으러 떠났을 때, 강가에 홀로 앉아 있던 장면 기억나?

아이 네, 게르다가 울면서 강물한테 물어보는 장면이요.

엄마 그 장면을 읽을 때 어떤 소리나 냄새가 떠올랐어? 날씨는?

아이 물이 찰랑찰랑 흐르는 소리가 들렸어요. 슬퍼서 조용한 것처럼 느껴졌어요. 마치 먹구름이 낀 것 같아요.

엄마 그랬구나. 게르다 마음이 조용히 흔들리는 느낌처럼?

아이 네. 그리고 공기에서 강바람 냄새가 났어요. 코끝이 시린 느낌.

엄마 게르다 마음이 쓸쓸했다는 것을 너도 같이 느꼈구나!

이처럼 아이가 대화 속에서 직접 소리와 냄새를 꺼내 표현할 수 있다면, 이야기를 더 깊이 있게 받아들이고 인물의 마음에 가까이 다가가는 능력도 함께 자라납니다. 아이가 무심코 건넨 의성어와 의태어에 깜짝 놀라는 일이 많았습니다. 아이만이 할 수 있는 표현력에 미소를 짓기도 합니다.

감각은 이야기를 경험으로 바꾼다

소리와 냄새와 같은 감각은 책 속 이야기를 단순히 그림이 아닌 '살아 있는 경험'으로 바꾸는 힘이 됩니다. 페이지를 넘기는 손끝에서 느껴지는 바람, 문장 사이에서 들려오는 강물 소리 그리고 공기 중에 감도는 겨울 냄새까지. 이 모든 감각은 아이로 하여금 이야기 속으로 더 깊이 들어가게 하고, 경험으로 바꾸어 줍니다.

우리는 종종 아이들에게 "책 읽고 어떤 장면이 기억나?"라고 묻습니다. 이때 무슨 일이 있었는지보다 "어떤 소리였는지, 무슨 냄새가 났는지, 날씨는 어떤지" 등을 떠올리는 질문을 던져 보세요. 아이들이 훨씬 더 풍성한 이야기를 꺼내기 시작합니다. 감각적인 질문은 이야기가 더 생생하게 떠오르게 하고, 주인공과 감정을 나누게 만듭니다.

게르다가 강물에게 묻던 장면처럼, 아이도 책 속 인물과 함께 묻고, 듣고, 느끼고, 울 수 있습니다. 조용히 흐르는 물소리, 겨울 강가의 찬 공기 냄새를 상상하며 아이는 게르다의 외로움에 귀를 기울이게 됩니다. 그리고 아이는 단어의 뜻을 넘어 타인의 마음을 헤아리는 힘을 기르게 됩니다. 이야기의 감각에 집중하는 순간, 아이는 자연스럽게 상상과 공감을 넘나들며 누군가를 걱정하고 이해하는 마음을 배웁니다.

책 속의 이야기는 이렇게 아이의 감각과 마음을 통과하며 '나만의 이야기'로 다시 태어납니다. 아이가 책을 읽고 떠올린 소리와 냄새는 언젠가 글로 표현될 또 다른 생각의 씨앗이 됩니다. 그 씨앗이 자라날 때, 단어를 아는 수준을 넘어 타인의 마음을 이해하고 자신을 이야기하는 힘이 생깁니다.

이야기를 감각으로 기억하는 아이는 결국 세상을 더 따뜻하게 바라보고 풍부하게 표현할 수 있는 사람으로 자라납니다. 엄마가 함께 감각적인 느낌을 떠올리는 대화를 유도해 주세요. 책 한 권이 주는 감동이 소리와 냄새처럼 오래도록 아이의 마음속에 머물게 될 것입니다.

이야기를 감각적으로 기억하기 위한 대화법

감각을 묻는 질문은 아이가 장면을 머릿속에서 떠올려 영상처럼 재생하게 하는 효과를 줍니다. 아이가 엄마와 함께 감각적인 느낌을 많이 떠올릴 수 있게 대화를 진행해 주세요.

엄마 게르다가 눈의 여왕을 마주했을 때 어떤 소리가 들렸을까?
아이 바람이 윙윙 불고 눈송이가 날리면서 잔뜩 몸이 움추러들었을 것 같아요.
엄마 게르다의 코 끝엔 어떤 냄새가 느껴졌을까?
아이 냉장고 문을 활짝 열었을 때와 비슷한 냄새와 공기가 느껴질 것 같아요.
엄마 그 소리와 냄새 속에서도 게르다는 카이를 찾겠다는 마음을 포기하지 않았지? 정말 용기 있는 모습이야.

우울한 마음은 회색, 잔잔한 마음은 초록색으로

여행을 다니다 보면 풍경 하나하나가 다르게 다가옵니다. 어떤 날은 날씨 때문에, 또 어떤 날은 만난 사람이나 뜻밖의 사건 때문에 그날의 기분이 전혀 다른 색으로 물들죠. 책을 읽을 때도 마찬가지입니다. 문장마다 분위기가 조금씩 다르게 느껴지고, 마음에 스며드는 감정도 달라집니다.

이번에는 책 속 한 장면을 여행지처럼 떠올리며 그 장면에서 느껴지는 감정을 '색'으로 표현하는 활동입니다. 엄마가 아이에게 감정을 색깔로 표현할 수 있도록 질문하면, 아이는 감정을 시각화하는 과정을 밟고, 책 속 장면을 더욱 더 선명하게 떠올릴 수 있습니다.

색으로 표현하면
더 풍부해진다

감정을 색으로 표현하면 아이는 단순히 '기쁘다', '슬프다' 같은 기본 감정을 넘어 더 세밀하고 다양한 감정을 탐색할 수 있습니다. 이는 감정 어휘력을 키우는 데 매우 효과적이며, 동시에 문학 작품을 깊이 있게 이해할 수 있는 힘을 길러 줍니다. 예를 들어 '주인공이 화가 났을 때'는 짙은 붉은 색을, '잔잔하고 평온한 마음'은 초록색으로 연결할 수 있습니다. 색으로 감정을 시각화하면 장면에 몰입하고, 인물의 감정에 공감하는 능력이 자연스럽게 자라납니다.

색이 책 속 이미지와 직접적으로 연결되지 않아도 괜찮습니다. 아이는 자신의 경험과 감각을 바탕으로 색을 선택하며, 이 과정에서 창의적이고 추상적인 사고 능력을 기릅니다. 하나의 감정을 다양한 색으로 표현하거나, 같은 색을 다양한 감정과 연결하는 활동은 사고의 폭을 넓히는 데 매우 좋습니다.

다음은 《눈의 여왕》 속 가장 인상 깊은 장면을 색으로 표현하는 대화를 재구성한 사례입니다.

엄마 눈의 여왕에서 카이의 눈 속에 작은 거울 조각이 들어갔을 때로 여행을 가 볼까?

아이 그 날은 카이가 갑자기 차갑게 변했던 날이에요.

엄마 카이가 어떻게 차갑게 변했어?

아이 갑자기 소리를 지르며 나무 상자를 발로 차기도 하고, 게르다를 두고 휙 떠났어요.

엄마 그걸 지켜본 게르다는 어떤 기분이었을까?

아이 당황스럽고, 속상했을 것 같아요. 왜 그러는지 이해도 안 됐을 거예요.

엄마 게르다의 마음을 색깔로 표현한다면?

아이 머릿속에 먹구름이 낀 짙은 회색이요. 카이에게 서운한 마음이 가득한 느낌이에요.

엄마 그 느낌을 문장으로 표현해 볼까?

아이 차갑게 변한 카이를 보니 내 마음엔 짙은 회색의 먹구름이 드리웠어요.

엄마 와~ 정말 게르다의 안타까운 마음이 전해지는 것 같아! 다음 여행지에서는 게르다의 마음이 어떻게 변할지 기대된다!

이처럼 책 속 여행지의 느낌을 색으로 표현하면, 아이는 등장인물의 심리를 더 깊이 이해합니다. 이야기 속 감정은 장면마다 다른 색으로 흐릅니다. 그 변화의 결을 색으로 따라가 보는 활동은 아이들에게 색다른 재미와 몰입을 선사합니다.

색깔 포스트잇을 활용하면 더욱 효과적입니다. 아이가 인상 깊은 장면에 감정의 색 포스트잇을 붙이면, 책 한 권이 감정 여행지로 바뀌게 됩니다. 엄마와 아이가 색을 고른 이유를 설명하며 서로의 감정을 공유하는 것도 좋은 활동이 될 수 있습니다. 이런 경험은 아이의 문학적 감수성을 기르고, 공감 능력을 높이며, 글의 분위기를 섬세하게 읽어 낼 수 있는 힘을 길러줍니다.

감정을 색으로 표현하는 활동을 요약하면 다음과 같습니다.

1. 책에서 인상 깊은 장면을 여행지로 생각하기
2. 등장인물의 감정을 엄마와 함께 이야기하기
3. 감정을 색으로 연결시켜 표현하기

4. 왜 그 색을 골랐는지 서로 이야기하기
5. 색깔 포스트잇으로 책에 감정 색깔 표를 만들기

 이 활동을 꾸준히 반복하다 보면, 아이는 어느새 감정을 색으로 표현하는 데 익숙해지고, 이야기 속 인물의 감정을 더 세심하게 읽어 냅니다. 예전에 단순히 "슬펐어"라는 한 마디로 끝났던 감정이, 지금은 "어두운 회색이 퍼지듯 서글펐어"라고 표현되는 것이죠. 이는 곧 문장을 구성하는 힘으로 이어지고, 아이의 감정을 글로 표현할 수 있는 바탕이 됩니다.
 또한 아이가 감정을 말로 표현하는 연습이 되기 때문에 정서적으로도 도움이 됩니다. 부정적인 감정을 직접 말로 꺼내기 어려워하는 아이들에게 색은 감정을 꺼내게 하는 도구가 됩니다. 예를 들어 엄마가 "오늘 기분은 어떤 색이야?"라고 질문하면 "오늘 무슨 일 있었어?"라는 말보다 더 아이의 마음을 자연스럽게 열 수 있게 도와줍니다.
 엄마도 아이와 함께 색을 고르고, 자신의 감정을 말로 표현하는 과정에 참여해 주세요. 아이는 엄마가 감정을 솔직하게 표현하는 모습을 보며 감정을 나누는 방법을 배우고, 관계는 훨씬 더 깊어집니다. 감정은 혼자서 조용히 다루는 것이 아니라,

누군가와 함께 나눌 수 있을 때 건강하게 자라기 때문입니다.

 책 속 장면을 색으로 표현하는 활동은 재미 이상의 역학을 합니다. 아이에게 언어와 감각, 사고, 정서가 연결된 총체적인 문해력을 길러주기 때문이죠. 그리고 이러한 문해력은 책 속 세상에서만 아니라 아이 자신의 삶을 읽어 내는 데까지 확장될 수 있습니다.

감정을 표현하는 색깔 가이드라인

감정	색깔	느낌 설명	책 속 장면 예시
기쁨	밝은 노란색 연두색	가볍고, 환한 느낌 마음이 따뜻해지는 느낌	게르다가 친구들과 노래를 부르는 장면
슬픔	짙은 회색 남색	조용하고 무거우며 마음이 가라앉는 느낌	게르다가 강가에 홀로 앉아 카이를 생각하는 장면
외로움	파란색	주변이 텅 빈 것처럼 쓸쓸한 느낌	게르다가 혼자 길을 떠나는 장면
설렘	분홍색 연보라색	두근거리고 마음이 간질간질한 느낌	게르다가 처음으로 여행을 시작하는 장면
분노	빨간색	뜨겁고 거칠며 폭발할 듯한 느낌	사람들이 카이를 못 찾겠다고 이야기하는 장면
두려움	검정색 짙은 보라색	숨죽이고 긴장하며 움츠러드는 느낌	게르다가 어두운 숲에서 길을 잃은 장면
사랑과 애틋함	따뜻한 주황색	포근하고 부드러운 느낌	게르다가 카이를 다시 만나는 장면

'내가
주인공이었다면
어떻게 했을까?'

"저라면 이렇게 말할 거예요."

《눈의 여왕》을 읽던 어느 날, 아이가 사람들이 "카이는 이제 안 돌아올 거야"라고 말하는 장면을 읽고, "카이는 어디에서든 날 기다리며 다시 만나게 될 거예요!"라고 말했습니다.

　아이의 말은 짧았지만, 그 속에는 책 속 주인공과 마음을 나누는 상상력이 담겨 있었습니다. 사람들이 카이는 이제 돌아오지 않을 것이라고 말하는 장면에서도, 아이는 포기하지 않고 게르다 대신 주인공에게 희망의 말을 건넨 것입니다.

책을 읽으며 아이들은 이런 식으로 종종 자신의 생각을 이야기합니다. 이때, 엄마가 던지는 질문에 따라 이야기가 이어질지, 마무리될지가 결정됩니다. 엄마가 책 내용에 대해 질문을 던지면 아이들은 마치 여행지에서 낯선 사람을 만나 처음 인사를 건네듯, 책 속 인물과 대화를 시작합니다. 그곳에서 만난 사람과 이야기를 나누는 상상을 하며 자신을 경험을 떠올려 이야기합니다. 페이지는 끝났지만 아이들이 쓰는 페이지가 시작되는 것이죠.

주인공에게 말을 건네게 하는 엄마의 질문

여행지에서 만난 주인공에게 아이들은 어떤 이야기를 해주고 싶을까요? 이번 단계에서는 인상 깊은 인물에게 하고 싶은 말을 떠올려 이야기하고, 그 말을 들었을 때 어떤 감정이 들지를 상상하는 시간입니다.

아이에게 "주인공에게 뭐라고 이야기해 주고 싶어?"라고 묻고, 아이가 주인공의 행동과 말에 아이의 상황을 대입할 수 있도록 도와주세요. 주인공에게 말을 건네려면, 먼저 그 인물의 마음과 벌어진 상황을 충분히 헤아려야 합니다. 그리고 아이 자신의 생각과 감정을 언어로 정리해서 말로 꺼내야 합니다. 이 단계의 질문은 어렵지 않습니다. 다음과 같이 물어보세요.

"이 상황에서 네가 주인공과 함께 있다면 뭐라고 이야기해 주고 싶어?"
"너라면 어떤 행동을 했을까?"

이 두 가지 질문은 아이의 상상력과 공감 능력을 자극합니다. 아이 스스로 주인공의 입장에 서서 고민하게 되고, 이야기 속으로 더 깊숙이 들어가게 됩니다. 어떤 아이는 주인공에게 다정한 위로를 건넬 것입니다. 어떤 아이는 용기를 내라고 응원할 것입니다. 아이마다 각자의 감정과 가치관이 자연스럽게 드러납니다. 이 과정으로 아이는 자연스럽게 다음과 같은 능력을 얻습니다.

'상대방의 입장에서 상황을 이해하는 힘'
'자신의 마음을 말로 풀어내는 표현력'
'이야기를 스스로 재구성하는 사고력'

책을 통해
내 마음을 표현하는 법

엄마의 질문에 대한 아이의 답은 단순한 상상이 아닙니다. 아이가 주인공 게르다의 마음을 이해하고, 카이가 돌아올 것이라는 믿음을 자신의 언어로 표현하는 것이기 때문입니다. 아이가 주인공에게 건네는 말은 자신이 경험해 보지 못한 사건을 '나에게 벌어진 일'로 해석하게 합니다. 그러한 상상은 아이의 머릿속에 오랫동안 기억에 남고 그동안 표현하지 못한 생각과 감정을 꺼내는 첫 걸음이 됩니다.

평소 감정을 잘 표현하지 않던 아이도 "내가 게르다라면…"이라고 말하면 자연스럽게 그 상황을 상상하고 생각을 정리하게 됩니다. 책 속에서 벌어진 사건 안에서 나의 반응을 스스로 고민합니다. 그럴수록 아이에게 사건을 다양한 각도로 볼 수 있는 힘이 생깁니다. 사건을 경험하고, 생각하며, 자신의 언어로 다시 구성하는 과정을 겪기 때문이죠.

앞서 말한 두 가지 질문은 아이의 머릿속 상상력을 깨우고, 자신의 행동과 책 속의 사건을 연결 짓게 합니다. 이는 책을 나와 상관없는 이야기가 아니라 내 마음이 닿을 수 있는 이야기로 받아들이는 과정이 될 수 있습니다.

　주인공에게 건네는 말 한마디를 생각하는 과정은 아이의 언어 표현력과 사고력을 동시에 반응하게 합니다. 감정을 어떻게 표현할지 고민하며 적절한 단어를 고르고, 말의 순서를 다듬습니다. 이는 아이 스스로 생각을 구성하고 조리 있게 말하는 것으로 이어지죠.

　무엇보다 이 활동은 아이가 스스로 벌어진 상황에서 어떤 마음을 가지고 있는지를 알아보는 '자기 인식'의 과정입니다. 이런 상황에서 어떤 말을 해야 하고, 어떤 행동을 할 것인지를 떠올리며 아이가 스스로에게 내면의 목소리를 내는 힘을 키우게 됩니다.

　이야기 밖에서 이야기 안으로 이어지는 연결은 아이의 말문을 열고, 또 다른 이야기의 시작이 될 수 있습니다. 아이가 건네고 싶은 말이 무엇인지 조용히 듣는 일, 엄마의 그 마음 하나로도 아이는 많은 이야기를 꺼낼 것입니다.

주인공에게 건넬 말을 유도하는 엄마의 질문

아이가 주인공에게 말을 건네게 하려면 어떤 질문을 던져야 할까요? 엄마의 질문에 따라 아이의 공감 능력과 표현력, 사고력이 결정됩니다. 질문에 답하며 자신의 생각을 정리하고, 주제에 대해 깊이 생각하고, 책 속의 이야기를 나의 이야기로 대입해 볼 수 있기 때문입니다.

엄마 주인공이 위기에 처한 순간, 한 마디로 주인공을 도울 수 있다면 어떤 말을 해 주고 싶어?
이 장면을 편지로 바꾼다면 주인공에게 어떤 말로 마음을 표현하고 싶어?
주인공과 함께 길을 걸으면서 어떤 대화를 나누고 싶어?

책이 끝나도
이야기는
계속된다

아이가 인상 깊은 여행지에 푹 빠진 날, 우리는 종종 이런 생각을 합니다.

"다음엔 어디로 떠나볼까?"

책을 읽으며 만난 이야기 속 여행도 다르지 않습니다. 주인공과 함께 울고 웃었던 이야기가 끝난 뒤에도, 아이는 여전히 새로운 여정을 꿈꾸고 있습니다. 책장을 덮은 그 순간부터 시작되는 또 다른 상상은 아이에게 더 깊고 풍부한 독서 경험을 선물합니다.

새로운 장소에서 어떤 일이 벌어질지 생각하는 시간은 아이의 상상력에 꽃을 피우는 시간입니다. 이야기가 끝났다고 멈추는 것이 아니라, 그 끝을 발판 삼아 아이는 다시 한번 이야기의 파도에 올라탑니다. 아이의 상상 속에서 새로운 모험이 시작됩니다. 이는 아이의 사고력과 언어 능력, 감정 이해력을 함께 자라게 만드는 활동이 될 수 있습니다.

아이의 상상력을 자극하는 엄마의 질문

다음 여행지를 상상하려면 아이는 이야기의 흐름과 인물의 마음을 잘 이해하고 있어야 합니다. 단지 재미있게 읽는 것만으로는 부족합니다. 여행지에서 만난 주인공의 성격과 행동, 사건의 인과 관계를 제대로 파악한 아이만이 '그 다음에는 어떤 일이 일어날까?'라는 상상으로 자연스럽게 나아갈 수 있습니다.

예를 들어 《피터팬》을 읽은 아이가 "피터팬이 다음에는 어른이 되는 세상으로 가면 어떨까?"라는 질문을 한다면, 이미 아이가 이야기의 구조와 주제, 인물의 성격을 내면화했다는 증거입니다. 이 과정은 아이가 이야기를 단순히 읽는 것에 그치지 않고, 깊이 있게 사고하며 이야기 속으로 걸어 들어가는 경험으로 확장됩니다. 인물의 감정에 더 가까이 다가가고, 다음 장면을 스스로 그려보는 것이죠. 이때 떠오르는 장면은 마치 자신이 직접 겪은 일처럼 생생하게 아이에게 기억되곤 합니다.

　엄마나 교사가 "다음 여행지는 어디로 가고 싶어?"라고 물어보면, 아이는 생각의 지도를 펼치기 시작할 것입니다. 어느새 아이의 말 속엔 자신만의 상상이 담긴 새 이야기 주머니가 가득합니다. 말은 곧 사고의 구조이기 때문에, 이렇게 생각을 말로 꺼내는 과정 자체가 사고력을 키우는 시작점이 될 수 있습니다. 책은 끝났지만, 아이의 이야기는 이제 막 시작됩니다.

　다음은 가고 싶은 여행지를 떠올려 교실에서 나눈 대화를 엄마와 아이의 대화로 재구성한 사례입니다.

엄마　다음 여행지는 어디로 가고 싶어?
아이　음…. 카이와 게르다가 드디어 다시 만난 날로 가볼래요. 그리고 카이를 그리워하던 강가로 함께 갈래요.

엄마 게르다가 강가에서 느끼는 감정이 다를 것 같아. 무슨 대화를 나눴을까?

아이 카이에게 강물 소리를 들려줄래요. 예전에는 꽁꽁 얼어붙어 있었는데, 지금은 노래하는 소리가 들리는 것 같다고 이야기해 주고 싶어요.

엄마 카이는 게르다에게 어떤 말을 했을까?

아이 정말 이상하다고요. 예전에는 아무것도 느껴지지 않았는데, 지금은 마음이 차오르는 듯 벅찬 느낌이 든다고요.

엄마 정말 그랬겠네! 게르다를 만나지 못했을 때 카이는 어떤 마음이었을까?

아이 너무 무서웠을 것 같아요. 아무 느낌이 없고, 꽁꽁 얼어붙은 마음에 게르다를 기억하지 못하다니 말이에요.

엄마 맞아. 다시 만난 날, 게르다가 카이에게 마지막으로 해 주고 싶은 말은 무엇이었을까?

아이 이제 언제나 함께 하자고요. 얼음도, 눈보라도, 이제 둘이 함께 있으면 괜찮을 거라고요.

이처럼 다음 여행지를 상상하며 뒷이야기를 표현하는 과정에서 엄마가 해야 할 일은 아이가 자신 있게 말할 수 있도록 반응하고 질문을 이어 나가는 것입니다.

상상의 대화는
언어 감수성을 길러 준다

　엄마가 아이가 만들어 낸 이야기에, "정말 그럴 수도 있겠네!", "너의 생각이 훌륭한데?"와 같은 반응을 보이며 인정하는 것만으로도 아이에게 큰 힘이 됩니다. 상상의 씨앗은 말 한마디에서 새롭게 움트기도 합니다. 아이의 생각에 정답은 없습니다. 중요한 것은 아이가 자유롭게 상상하고 자신만의 이야기를 스스로 말로 꺼내 표현하는 경험입니다. 그때 부터 아이는 표현하는 사람으로 성장합니다.

　다음 여행지를 상상하는 활동은 책을 놀이와 상상의 공간으로 받아들이는 역할을 합니다. 카이와 게르다가 다시 만난 이후 어떤 말을 주고받을지 생각하는 과정에서 아이는 등장인물의 감정에 몰입하고, 감정에 따른 적절한 표현을 찾아내며 언어 감수성을 기를 수 있습니다. 이는 세상을 미리 살아보는 경험이자 마음의 생각을 확장하는 여정이 되기도 합니다.

'내가 게르다였다면?'
'그때 카이는 어떤 기분이었을까?'
'다음엔 어떤 일이 벌어질까?'

이런 질문을 스스로 던지고 상상하는 과정에서 아이의 사고는 더 유연하고 깊어집니다. 책 속 주인공의 입장이 되어 보는 일은 결국 현실에서도 타인을 깊이 있게 이해하는 힘으로 이어집니다. 대화 속에서 관계를 이해하는 마음이 자라나고, 타인을 존중하는 태도를 조금씩 기를 수 있습니다. 아이가 이야기 속의 주인공이 되어 새로운 세상을 느끼기 시작할 때, 아이의 마음속 이야기가 자라납니다. 그 말 한마디가 누군가의 마음을 또다시 따뜻하게 할지도 모릅니다.

책을 읽은 뒤 엄마가 하면 좋은 질문

1단계: 아이의 말문 열기
책을 덮은 뒤 질문으로 아이의 말문을 열어 주세요. "어떤 장면이 떠올라?", "느낌 어땠어?"라는 질문으로 감정을 먼저 꺼내 볼 수 있게 해 주세요.

2단계: 되물어보기
대화는 주고받는 과정입니다. 아이의 말이 끝나면 다시 물어보세요. 독서 후 아이가 피드백 하는 과정을 거쳐 책의 내용을 내 것으로 만들고, 표현하는 힘이 중요합니다. 엄마와 아이의 '대화'로 말하기 경험을 충분히 쌓다 보면 아이는 자신감이 올라가고, 그것은 사람들 간의 의사소통 능력으로 이어집니다.

3단계: 반응하기
"정말 그럴 수도 있겠네!", "너의 생각이 훌륭한데?", "엄마도 다음 장소가 벌써 기대되는 걸?"과 같이 반응하며, 아이가 자신의 생각을 끝까지 말할 수 있게 도와주세요.

4장

엄마의 질문이 아이의 문장이 되는 순간

엄마의 문장 하나 질문법

질문으로 열고 글쓰기로 닫는 독서법

　제가 수업하는 독서 학원 아이들은 나만의 '질문 독서 발자국 노트'를 하나씩 가지고 있습니다. 이 노트는 책을 읽고 난 뒤 책에서 마음에 담아 두고 싶은 말이나 궁금한 내용을 '딱 한 줄'로 쓰는 노트입니다. 처음에는 아이들이 꽤 고민을 많이 하는 모습을 보였습니다. "진짜 한 줄만 쓰면 돼요?"라고 물어보지만, 막상 한 줄을 쓰기 위해 어떤 내용을 구상해야 할지 고민하는 모습이 너무 예쁘기도 했습니다.

　학부모님들은 책을 읽고 다양한 독후 활동을 하기 원하시지만, 저는 어떤 날에는 단 하나의 질문에만 집중하며 '독서 발자국'을 남기는 데 힘을 쏟기도 합니다. 책을 읽고 마음에 울림을 주었던 단 하나의 메시지를 찾아내기 위해 아이들은 책을 여러 번 곱씹고, 다시 책장을 넘기며 되새기는 시간을 가지기 때문입니다.

책을 읽고 기록하는 습관의 힘

아이에게 책을 다 읽고 난 후 딱 한 줄만 써보라고 제안해 보세요. 많이 쓰지 않아도 된다는 것을 강조해 부담을 줄여 주세요. 문구점에 함께 가 마음에 드는 노트 하나를 아이가 스스로 고르게 해 주세요. 그리고 책을 읽은 날짜와 함께 책에서 얻고 싶은 문장이나 나만의 질문을 딱 한 줄만 쓰면 됩니다.

처음에는 "주인공이 대단해 보였다", "나도 용기를 내야지"와 같은 간단한 문장부터 시작해도 괜찮습니다. 이 한 문장에 아이가 떠올린 인물이 있고, 책 속의 이야기가 압축되어 있으며, 뒷이야기를 상상하는 힘이 모두 들어가 있습니다.

아이가 책을 읽고 한 줄로 쓰는 연습은 요약하는 힘을 길러줍니다. 처음에는 단순한 문장일지라도 이 문장이 점점 정제

되면서 생각이 깊어집니다.

초등학생 3학년인 은아는 어렸을 때부터 책을 많이 읽었지만, 시간이 지나면 내용이 잘 기억이 안 난다고 했습니다. 읽을 때는 감명을 받고, 느낀 점이 있었던 것 같은데, 시간이 지나 이야기하려고 하면 떠오르는 내용이 몇 개 없을 때가 많다고 했습니다.

은아와 '한 줄 문장 쓰기'를 시작하자, 책을 읽는 태도에서 변화가 나타났습니다. 은아는 점점 책에 몰입하게 되었고, 독서에 대한 자세가 달라졌습니다. 처음에는 긴 글을 읽는 것을 힘겨워했고, 몇 장 넘기지 못한 채 주변을 두리번거리거나 쉽게 집중력을 잃곤 했습니다. 하지만 시간이 지날수록 단 한 줄의 문장을 써내기 위해 책의 내용을 더 깊이 이해하려 노력했고, 문장 하나하나를 음미하듯 읽는 모습으로 바뀌었습니다. 어느새 한 권의 책을 처음부터 끝까지 정독하며 완독하는 힘도 생겼습니다.

그 모습이 얼마나 대견하고 사랑스러웠는지 모릅니다. "오늘 정말 멋지다! 책에 푹 빠져든 모습이 너무 예쁘더라"라고 말하며 진심 어린 칭찬을 전했습니다. 그날 은아는 수줍게 미소를 지었지만, 눈빛에는 스스로에 대한 자부심이 반짝이고 있었습니다.

아이 노트에 적힌 한 줄은 책의 느낌을 더욱 선명하게 만듭니다. 읽고 난 후 단순히 '재밌었어'라고 끝나는 게 아니라, 울림을 주었던 메시지나 스스로에게 궁금한 질문을 남기며 책의 핵심을 분명하게, 나만의 언어로 기억할 수 있습니다.

나만의 질문을 던질 수 있다면, 아이의 독서 깊이는 완전히 달라집니다. 이때는 책의 내용에서 아이의 경험을 토대로 연결 고리를 찾을 수 있기 때문이죠. 단순한 줄거리에서 끝나는 것이 아닌, 내 생각과 행동을 돌아보는 기회가 생깁니다.

문장 한 줄로 시작되었지만, 아이는 또 다른 책을 찾고 다양한 생각을 받아들이며 새로운 관점을 탐색합니다. 이러한 한 줄 쓰기는 새로운 배움을 향한 또 다른 시작이 됩니다.

또한 문제 상황이 생길 때 소통 능력을 키우는 데에도 도움이 됩니다. 초등학생 아이들은 친구에게 이야기할 때, 교실에서 문제 상황이 생겼을 때 짧고 강렬하게 말해야 할 순간이 많습니다. 이때 핵심을 빠르게 전달할 수 있다면, 아이의 의사를 좀 더 분명하게 표현할 수 있게 됩니다.

좋은 독서란 무조건 많이 읽는 것이 아니라, 스스로 깊이 물어보는 힘에서부터 시작된다는 사실을 기억해 주세요. 그리고 하루 한 줄이 쌓일 때 아이는 어느새 '읽는 아이'를 넘어, '자기 생각을 가진 아이'로 성장하고 있을 것입니다.

한 줄을 쓰고 나누면 좋은 대화

아이가 책을 읽고 기억에 남는 장면을 한 줄로 썼다면, 엄마는 그 내용과 관련된 질문을 해 주세요. 부담스럽지 않을 정도의 질문이 좋습니다.

1단계: 책을 읽고 기억에 남는 문장과 생각을 한 줄로 표현하기
엄마 톰 소여와 비슷한 내 친구가 떠오른다.
 안네프랑크는 숨어 살며 일기를 쓰니 얼마나 두려웠을까?

2단계: 아이가 한 줄을 쓰고 나면 느낌 물어보기
엄마 장난꾸러기 톰 소여만이 가진 장점은 무엇일까?

3단계: 한 줄 문장에 대해 엄마가 적극적으로 반응하기
엄마 용기를 낸 주인공의 모습이 너의 모습과 비슷하네!

글쓰기의 시작은 '만만한 한 줄'로

  책 한 권을 읽고 딱 한 줄만 써보기로 결심했을 때, '만만한' 한 줄로 시작하는 것이 중요합니다. 처음부터 생각과 느낌이 가득한 긴 독서 감상문을 쓰거나 거창한 문장을 요구하면, 아이들은 쉽게 위축됩니다. 시간이 지날수록 책을 읽는 순간이 점점 부담으로 다가올 수 있습니다.

  '만만한 한 줄'이란 아이와 어른이 보기에도 쉽고, 가벼운 문장을 이야기합니다. 멋진 문장이 아닌, 아이가 부담 없이 노트에 한 줄을 써 내려가는 힘을 기르기 위한 과정입니다.

  처음부터 아이에게 "기억에 남는 문장 한 줄을 써 봐"라고 말하면 문장이 쉽게 떠오르지 않을 수 있습니다. 아이가 멋지고 아름다운 문장을 써야 한다는 부담을 느낄 때 글쓰기를 주저하게 됩니다. '이 문장은 별로인데 어떡하지?', '내가 고른 문장이 멋진 문장일까?'라는 생각이 든다면 아이의 의욕은 뒤로 물러나고, 불안감이 높아집니다.

이럴 때는 "책에서 마음에 드는 쉬운 문장 하나만 찾아볼까?"로 시작해 인상 깊은 페이지를 펼치게 합니다. 그러면 아이는 책을 다시 펼치며 마음속에 와닿은 문장을 찾기 시작합니다. 그 문장은 멋질 필요도, 길 필요도 없습니다. 아이에게 만만한 한 줄을 찾는 것이 시작입니다.

《행복한 왕자》에서 찾은 만만한 한 줄

다음은 여덟 살 준후가 《행복한 왕자》를 읽고 교실에서 나눈 대화를 재구성한 사례입니다.

1단계: 만만한 한 줄 찾기

엄마 준후야, 《행복한 왕자》에선 어떤 장면이 마음에 들었

아이 는지 페이지를 펼쳐볼까?

아이 왕자가 높은 탑 위에서 세상을 바라볼 때요.

엄마 높은 탑 위에서 어떤 장면이 눈에 들어왔어?

아이 찬바람에 떠는 아이들과 아픈 아이들이 보였어요.

엄마 왕자가 했던 말 중에 마음에 남기고 싶은 한 문장이 있을까?

아이 "사람들은 나를 행복한 왕자라고 불렀지만, 세상을 내려다보니 왕자는 슬펐을 것 같다"라는 문장에서 왕자의 마음이 느껴져요.

2단계: 아이의 감정과 연결하기

엄마 겉모습은 화려했던 왕자가 세상을 내려다보면서 어떤 것이 행복이라고 느꼈을까?

아이 진짜 행복은 나 혼자 빛나는 게 아니라는 것을요. 다른 사람의 아픔을 함께 느끼고 도와주는 데서 시작된다는 마음이 행복일 것 같아요.

엄마 그럼 지금의 느낌을 한 줄 생각으로 남긴다면?

아이 진짜 행복은 남을 도와줄 때 생기는 것이다. 이렇게 남기고 싶어요!

아이가 "나는 이 문장이 좋았어"라고 말하며 감정을 떠올리는 순간 아이와 책 사이에 작은 생각 씨앗이 피어오릅니다. 그리고 왜 그 문장이 좋았는지 생각하며 대화를 나눠주세요. 엄마도 함께 한 문장을 떠올려 보는 것도 좋습니다. 서로가 기억한 문장을 고른 이유를 이야기하는 과정에서 서로의 생각을 읽을 수 있습니다. 대화가 짧아도 괜찮습니다. 아이가 자기 생각을 분명하게 말할 수 있는 연습이 되면 됩니다.

여기서 중요한 점은 한 줄을 아이 스스로 찾아내게끔 분위기를 유도해야 한다는 것입니다. 아이가 오롯이 스스로 결정할 수 있게 선택권을 주고, 엄마는 아이의 활동을 기다리고 지켜봅니다. 엄마가 페이지를 펼치며 "이 문장 어때?", "이 문장 좋지 않아?"라고 가이드 역할을 한다면 아이의 생각과 마음을 제대로 꺼내볼 수 없습니다.

처음에는 문장 하나 고르는 일에도 시간이 꽤 걸릴 수 있습니다. 그렇지만 그 과정을 겪으며 아이는 '나는 이런 느낌을 좋아하는 구나'를 스스로 알아갑니다. 나만의 문장이 쌓인 기록을 다시 읽으며, 그때와 다른 새로운 감정을 느낄 수도 있습니다. 이러한 경험은 자신의 선택에 자신감을 가질 수 있는 힘이 됩니다.

아이의 한 문장을 스스로 고르고, 기록하고, 기억하도록 도와주세요. 시간이 쌓일수록 아이만의 멋진 문장도 계속 쌓일 것입니다.

'만만한 한 줄'을 고를 때 실천 가이드

▾ 가장 멋진 문장이 아닌, 눈에 들어온 문장을 물어보세요. 아이의 선택을 바로 칭찬하며 대화를 시작해 주세요.

엄마 읽으면서 제일 눈에 들어온 문장이 뭐였어?

▾ 문장 자체에서 아이의 느낌이 변화한 순간을 묻는 것이 좋습니다. 아이의 감정에 집중해 변화를 느낀 페이지를 펼쳐 보게 하세요.

엄마 읽으면서 기분이 달라졌던 순간은 언제였어?

▾ 누군가를 생각하며 선택하는 경험을 할 수 있게 해 주세요. 아이에게 왜 이 문장을 골랐는지 부드럽게 물어보고, 긍정적으로 반응해 주세요.

엄마 만약 친구에게 책 한 줄을 소개한다면 어떤 문장일까?

▾ 질문은 어렵지 않게, 가볍게 던져 주세요. 아이가 고른 한 줄에는 정답이 없습니다. 짧은 문장이라도 아이가 고른 문장은 소중한 문장임을 인정해 주세요.

엄마는
채점하는 사람이
아니에요

"이 문장이 정말 기억에 남는 문장 맞아?"
"의미가 없는 문장 아니야?"

아이가 한 줄을 쓰자마자 윤서 엄마가 던지는 말입니다. 한 줄을 쓰고 엄마와 대화를 이어가야 하는 때였습니다. 아이의 귀에 엄마의 부정적인 말이 들리는 순간, 아이는 생각을 쓰는 것을 머뭇거리게 됩니다.

'한 줄'이지만 그 속에는 아이의 마음이 담겨 있습니다. 책을 읽고 그 순간 내가 이 문장을 떠올린 이유를 생각하고, 느낀 감정이 고스란히 담겨 있습니다. 그런데 엄마가 그 한 줄을 채점하며 평가하려고 들 때, 아이는 자신이 쓴 문장에 자신감이 없어집니다. 아이들은 처음에는 솔직한 느낌을 문장으로 표현합니다.

"행복한 왕자도 사실은 슬펐어요."

하지만 엄마가 이렇게 이야기합니다.

"그건 너무 단순한데?"
"너무 흔한 표현이잖아."

이때부터 아이는 자신만의 생각을 숨기게 됩니다. 그리고 이때 엄마가 가장 많이 하는 실수는 "그건 그냥 줄거리잖아. 네 생각과 느낌을 적어야지"라고 이야기하는 것입니다. 아이는 그때부터 이 문장이 단순하진 않은지, 줄거리인지, 맞는 말인지를 계속 확인하며 적게 되고, 결국은 글쓰기를 숙제처럼 지루하게 느낍니다.

엄마의 채점은
아이의 표현력을 차단해요

　엄마의 채점은 아이의 표현력을 닫히게 합니다. 엄마의 채점이 들어가는 순간, 아이는 다양하고 창의력이 확장되는 표현보다는 엄마의 정답에 가까운 문장을 고민하게 되기 때문입니다. 처음 느낀 한 줄이 아닌, 맞춤법과 표현이 맞는 올바른 문장을 완벽하게 쓰려고 노력합니다.

　한 줄 쓰기의 궁극적인 목표는 아이에게 말로 표현하고, 글을 쓰는 것이 '두렵고 무섭지 않다'라는 경험을 심어 주는 것입니다. 이 과정에서는 어떠한 평가도, 조언도 필요하지 않습니다. "아, 우리 아이가 그렇게 느꼈구나"라고 아이의 시선에서 듣는 마음 하나면 충분합니다.

　3학년인 윤서는 옆에서 엄마가 하나하나 봐주는 과정이 즐겁지 않습니다. 오히려 항상 불안합니다. 어느 날 윤서는 《빨간 머리 앤》을 읽고 공책에 "앤이 나를 원하지 않는 것 같아 울 때, 나도 친구와 멀어질 때의 느낌 같았어요"라고 적었습니다. 이 문장은 아이가 책과 자신의 경험을 연결해 감정을 떠올려 적은 훌륭한 문장입니다.

　하지만 엄마는 윤서에게 이렇게 말했습니다.

"울었다는 표현은 너무 흔하지 않아? 좀 더 감정을 풍부하게 써야지."

윤서는 다시 지우개로 지우고, "주인공은 눈물을 글썽이며 마음에 비가 내렸다"라고 문장을 고쳤습니다. 언뜻 보기에는 엄마의 반응을 듣고 화려하고 멋진 문장으로 고쳐 쓴 것 같지만 윤서의 마음은 그 안에 담기지 않았습니다. 주인공의 마음만 풍부하게 표현되었습니다. 이런 과정이 반복될수록 아이는 점점 자신이 원하는 말 대신, 엄마가 원하는 화려하고 예쁜 문장을 고르느라 고민이 많습니다. 글 한 줄을 쓰는 데에도 꽤 많은 시간이 걸립니다.

채점 대신 질문으로 여는 이야기

채점 대신 아이에게 "왜 이 문장이 좋았어?"라는 식으로 자연스럽게 이야기의 문을 열어주세요. 아이는 자신의 감정을 더 깊이 있게 들여다볼 수 있습니다. 현재의 상황과 연결해 상황을 이해하는 힘을 펼칠 수 있습니다.

엄마가 채점을 하면 아이의 표현력에 선을 긋는 것이지만, 엄마가 아이에게 진심으로 공감하면 그 선을 넘을 수 있습니다. 채점은 정답을 찾게 하지만, 공감은 엄마와 아이가 마음을 진심으로 나누는 통로가 됩니다.

공감 속에서 아이가 자유롭게 한 줄을 꺼낼 수 있다면, 이러한 경험이 반복되었을 때 아이는 말하는 것이 즐거워집니다. 질문으로 이야기를 열어 가는 과정에서 아이가 왜 그런 생각을 했는지 말하고, 상황과 감정을 연결합니다. 스스로 자신의 언어를 다듬을 기회를 얻습니다.

한 문장을 쓰는 아이의 마음은 언제나 완전하다는 사실을 떠올려 주세요. 그 마음을 있는 그대로 표현하고 듣는 것이 교사와 엄마의 역할입니다. 비록 아이의 한 줄이 처음에는 엄마의 마음에 들지 않더라도, 그 안에는 아이의 진심이 담겨 있습니다.

한 줄 속에 작은 마음 하나와 그 마음을 끝까지 들어 주는 어른이 옆에 있다는 것. 그러한 믿음을 가진 단 한 사람이 내 옆에 있다는 사실만으로도 아이는 말과 글로 표현하는 것을 두려워하지 않게 됩니다. 엄마의 채점은 아이를 조용하게 만들지만, 공감은 아이를 말하게 만든다는 사실을 기억해 주세요. 아이는 엄마의 공감 속에서 무수히 많은 표현을 확장해 나갈 것입니다.

채점의 말 대신 하면 좋은 질문

아이가 쓴 글을 보고 채점하기보다는 질문해 주세요. 글쓰기가 숙제처럼 느껴진다면, 아이는 더 이상 글을 쓰려고 하지 않을 것입니다. 채점의 말 대신, 이렇게 질문해 보세요.

엄마 그건 정답이 아니잖아?(X)
　　　 어떻게 그렇게 느껴졌어?(O)

엄마 이건 그냥 재미로 쓴 거야?(X)
　　　 이 장면을 진짜 경험하면 어떤 기분일까?(O)

엄마 그래서 결론이 뭐야?(O)
　　　 네 생각을 한 문장으로 표현해 줄래?(O)

엄마 그건 주인공 마음과 다르잖아.(X)
　　　 주인공 마음과 네 생각은 어떻게 달랐어?(O)

엄마 다른 애들은 더 잘 쓰던데?(X)
　　　 너만이 할 수 있는 말은 무엇일까?(O)

즐거운 질문이
재미있는 문장을
부른다

    아이와 엄마가 책 대화를 나누다 보면 가끔 머뭇거릴 때가 많습니다. '내가 맞는 말을 하고 있는 걸까?', '이 말을 하면 엄마가 좋아할까?' 등 아이는 여러 번 마음이 흔들립니다. 그럴 때마다 엄마가 긍정적인 말을 건네면 좋습니다. 칭찬 한마디가 출발점입니다. 그 순간 엄마와 아이가 함께 있는 공간의 분위기가 달라지고 아이는 마음의 확신을 갖습니다.

    교실에서도 긍정을 부르는 말 한마디는 아이의 독서 태도부터 달라지게 합니다. 1학년 은재는 책을 읽고 난 후 어른들이 생각하기에는 늘 엉뚱한 대답을 합니다. 은재가 말을 툭툭 던질 때마다 교실 속 다른 아이들은 웃음이 터지면서도 어떤 기발한 이야기가 나올지 궁금해합니다.

아이가 쓴 문장에는 정답이 없다

다음은 《강아지똥》을 읽고 민들레를 꽃피우는 데 강아지똥이 큰 역할을 하는 장면에서 나눈 은재의 사례를 재구성한 대화입니다.

아이 아, 드디어 강아지똥이 따뜻하고 포근한 느낌을 받았을 것 같아요! 오늘의 한 줄은 "강아지똥은 마지막에 따뜻하고 포근했다"라고 적을래요.

엄마 따뜻하고 포근한 느낌? 왜 그런 느낌이 들었어?

아이 강아지똥은 그동안 길바닥에서 늘 혼자 있었잖아요? 얼마나 추웠겠어요. 사람들이 데려가지도 않고요.

엄마 아하! 그럼 강아지똥이 땅 속으로 들어갔을 때를 말하는 거구나!

아이 맞아요! 땅 속으로 들어가서 민들레의 거름이 되었을 때 정말 따뜻하고 포근해서 기분이 좋았을 것 같아요.
엄마 우와~ 정말 멋진 걸? 너만 할 수 있는 기발한 생각 같아!

책에 직접 나오지 않은 표현이라도 아이만 생각할 수 있고, 남들과 다른 시선으로 본 멋진 생각이라는 것을 이야기해 주세요. 엄마의 이러한 반응이 아이의 표현력에 자신감을 더해 줍니다.

한 줄 쓰기도 어려워하는 아이가 용기를 내서 한 문장을 완성했다면, "네 생각을 들려줘서 고마워"라고 이야기해 보세요. "이 생각은 정말 너만 할 수 있겠네"라며 대화의 말문을 열어 주세요. 아이 마음속에는 점점 말하고 싶은 마음과 문장을 쓰고 싶다는 생각이 조금씩 올라옵니다.

엄마가 즐거우면
아이도 즐겁다

긍정을 부르는 엄마의 언어 속에는 아이를 말하게 하는 힘이 있습니다. 아이가 말하고 싶은 마음이 커질 때, 엄마와의 대화도 즐거워집니다. 교실에서도 칭찬 한마디가 아이의 마음을 열고 말하고 싶은 힘을 키운다는 것을 여러 번 느꼈습니다. 내성적이어서 잘 표현하지 않는 아이들도, 산만해서 엉덩이가 들썩거리는 아이들도, 선생님이 내 말을 잘 듣고 있다고 느꼈을 때, 점점 마음의 문을 엽니다.

지나고 보니 이러한 긍정적인 말 한마디가 아이를 스스로 변화하게 만들었고, 그 과정을 지켜보는 일이 감사하게 느껴지는 순간이 많았습니다. 표현을 어려워하던 아이가 다가와 재잘재잘 이야기를 건네고, "모른다"라는 대답에서 "조금 더 시간을 달라"라고 말하는 아이들이 늘어났습니다. 차분하게 앉아 긴 시간을 독서에 몰입하는 아이들이 늘어나면서 긍정적인 말 한마디의 힘을 느낄 수 있었습니다.

이렇듯 긍정을 부르는 엄마의 한 문장은 아이에게 스스로의 믿음을 키워주고, 생각의 확장을 일으키는 든든한 바탕이 됩니다. 아이가 다시 신나게 말할 수 있는 응원의 메시지가 되고, 실수를 두려워하지 않게 됩니다. 엄마의 언어가 응원의 메시지가 될 때, 아이와의 대화는 점점 깊어지고 즐거워집니다. 수업시간에도 칭찬을 받으면 "집에 가서 엄마에게 자랑해야지!"라고 말하는 아이들이 많습니다.

요즘 상담을 하다 보면 아이의 단점을 더 많이 보는 학부모님들이 늘었다는 것을 느낍니다. "제 아이가 수업 시간에 엉뚱한 말을 하죠?", "제 아이가 논리적으로 말을 못하는 것 같아요", "생각을 더 확장해서 쓰는 것은 어려울까요?"라고 아이의 부족한 부분부터 질문하는 분이 많습니다. 이런 이야기를 들을 때마다 안타까운 마음이 많이 들었습니다. 그 마음은 공감 가지만, 이러한 마음이 가정에서 아이에게 고스란히 전달되는 경우가 많았습니다.

아이가 긴 글을 적은 활동지를 보고 맞춤법이 틀린 한 문장을 보며 다그치는 어머님도 계셨습니다. 자신감이 줄어든 아이는 글을 쓰는 데까지 시간이 더 걸리고, 스스로 한계를 설정하게 됩니다.

"이렇게 한 번 생각해볼까?"라고 물었을 때 "저는 못해요"라고 바로 대답하는 아이들을 볼 때면 안타까운 마음이 듭니다. 때로는 아이가 수업시간에 보인 긍정적인 면을 학부모님께 전달해 드리면 "제 아이가요?"라며 깜짝 놀라시곤 합니다.

초등학교 저학년 시기의 아이는 엄마의 긍정의 언어를 끊임없이 받고 싶어 합니다. 자신의 마음을 엄마와 교사와 공유하고 싶어 합니다. 이러한 마음을 지나치지 말고, 아이의 한 줄,

한마디에 긍정적으로 반응해 보세요.

스쳐가는 아이의 표정 속에서 자신감이 묻어나고, 엄마와 말하고 싶은 마음이 조금씩 피어날 것입니다. 그리고 대화가 점점 즐거워 졌을 때, 엄마도 아이의 반짝반짝 빛나는 표현에 깜짝 놀라는 일이 벌어질 것입니다. 그 한 순간을 위해 교사와 엄마에게는 기다리는 마음이 필요합니다.

아이의 자신감을 부르는 엄마의 한마디

유치원~초등학교 시기의 아이들에게 엄마의 한마디는 정말 중요한 역할을 합니다. 엄마의 말이 아이를 슬프게도, 기쁘게도 만들죠. 아이가 쓴 글을 보고 엄마가 하면 좋은 말을 소개하겠습니다.

엄마 그렇게 생각했다니, 엄마도 못해본 생각인 걸?
이 문장을 보니깐 엄마 마음이 따뜻해졌어.
너는 정말 상상력이 풍부하구나!
이렇게 말할 수 있는 것도 정말 용기 있는 일이야.
이 짧은 문장에 너의 마음이 다 들어가 있네!
이 문장에 너의 소중한 마음이 보여서 엄마가 감동했어.
이 문장은 너만이 쓸 수 있는 특별한 문장이야!
네 생각을 담으려고 했던 노력이 정말 멋지다!
네 생각을 이렇게 표현해줘서 고마워.
네 생각에 틀린 건 없어. 언제나 들어줄게.

매일
다른 루틴으로
질문하세요

 한 줄 쓰기로 시작하는 대화는 처음에는 쉽고 재미있습니다. "왜 이 문장이 기억에 남았어?"로 시작하는 질문은 좋은 대화의 시작이지만, 시간이 지나면 아이도, 엄마도 같은 방식으로 물어보는 대화가 지루해집니다. 이후에 더 대화가 진행되지 않는다면, 한 줄 대화의 효과는 줄어듭니다.
 하지만 질문 방식만 살짝 바꿔도 매일 다르게 대화를 이어갈 수 있습니다. 아이의 상상력을 경험과 연결하고, 표현 방식을 바꿔 보는 방법입니다.

새로운 질문을
만드는 다섯 가지 방법

엄마와의 생각을 나누는 과정에서 다시 새로운 질문이 피어납니다. 이 모든 과정은 아이의 생각을 여는 출발점이 될 수 있습니다. 매일 새롭게 대화할 수 있는 방법 다섯 가지를 소개하겠습니다.

1. 아이의 감정을 중심으로 질문하기

짧은 한 줄이라도 아이의 감정을 중심으로 질문을 던지면 엄마와 아이의 대화는 깊어질 수 있습니다. "왜 이 한 줄을 썼어?"라고 묻는 대신, 질문의 시선을 조금 바꾸어 "이 문장을 쓰기 전에 어떤 느낌이 들었어?", "어떤 생각을 했어?"라고 질문해 주세요.

이렇게 아이의 감정을 연결하는 질문은 주인공의 마음이나 행동을 더 깊이 이해하게 만들고, 아이의 감정을 자연스럽게 꺼내보는 연습 과정이 됩니다. 특히 감정을 꺼내고 표현하는 것에 서툰 아이들에게 엄마의 이러한 질문이 대화의 물꼬를 트는 역할을 합니다.

2. 아이와 연결되는 질문하기

한 줄 문장을 아이의 경험과 연결하는 방법입니다. 아이와 연결할 수 있는 경험을 물어보고, 그 상황을 대입해 대화를 이어 가면 글의 의미를 생생하게 느끼는 간접 경험을 할 수 있습니다.

아이가 나의 경험과 연결되는 상황을 잘 떠올릴수록 책에서 본 사건과 장면들을 더욱 깊이 이해할 수 있습니다. 그리고 주인공에게 문제 상황이 벌어졌을 때, 나의 경우에는 어떻게 해결할 수 있을지 상상해 보며 문제 해결력을 기를 수 있습니다.

3. 단어와 표현을 다르게 질문하기

아이가 쓴 한 줄 문장에서 단어를 다르게 표현하는 것도 대화를 다르게 할 수 있는 좋은 방법입니다. 단어를 비슷하지만 새로운 언어로 바꾸면서 표현력을 기르고 단어를 사용하는 데 재미를 느낄 수 있습니다.

아이가 새로운 단어로 표현했을 때, 엄마도 새로운 단어나 표현을 사용해 대화를 이어 나가 주세요. 만약 새로운 단어가 떠오르지 않는다면 일상생활에서 쉽게 접하는 단어 중 아이가 잘 쓰지 않는 단어를 말하고, 그 단어로 표현했을 때의 느낌을 이야기해 줍니다.

4. 엄마도 한 줄 쓰고 질문하기

아이가 한 줄 문장을 완성했다면, 엄마도 곁에서 함께 써보는 방법입니다. 이 경우 아이도 엄마의 표현을 보고 "이렇게도 쓸 수 있구나"를 간접적으로 배우고, 자신의 쓴 문장과 비교하며 자연스럽게 대화를 이어갈 수 있습니다.

5. 한 줄 문장의 관점을 바꿔 질문하기

아이가 쓴 한 줄 문장을 책 속의 다른 등장인물이나 새로운 인물을 등장시켜 관점을 바꿔 대화하는 방법입니다. 이때는 아이가 폭 넓게 상상할 수 있어 재미있게 대화가 이어지고, 타인을 이해하는 마음도 배울 수 있습니다.

이렇듯 아이가 쓴 한 줄 문장은 짧지만, 그 안에서 시선과 방법을 다양하게 바꾼다면 엄마와의 대화는 매일 달라질 수 있습니다. 처음에는 대화의 시작을 여는 질문들이 어렵게 느껴질 것입니다. 하지만 위에 제시된 다섯 가지 상황에 맞는 질문을 충분히 연습하면, 더 이상 아이와의 대화가 어렵지 않을 것입니다.

  오늘은 아이의 한 줄 문장 속에 숨은 아이의 마음과 생각에 귀 기울여주세요. 그렇게 나눈 대화는 아이의 마음과 생각을 여는 열쇠가 됩니다. 매일 대화가 달라질수록 즐거움이 커집니다. 대화의 시간의 힘이 쌓일 때, 아이의 언어와 사고력도 넓어집니다.

  매일 같은 방식으로 질문하는 대신, 조금만 방향을 바꿔 달라진 대화를 해 보세요. 작은 질문의 전환이 아이의 머릿속 생각 퍼즐을 요리조리 맞추고, 더 멀리 나아가게 하는 힘을 길러줍니다. 오늘 던진 따뜻한 엄마의 질문 하나가 아이의 마음속에서 오랫동안 울리는 대답이 되어 엄마의 마음도 같이 꽃피울 것입니다.

한 줄 대화 질문 예시

1단계: 아이의 감정을 중심으로 질문하기
엄마 이 문장을 쓸 때 어떤 기분이었어?
　　　주인공이 이 문장을 본다면 어떤 마음이 들까?"
　　　네가 주인공이라면 어떤 표정을 지었을까?"

2단계: 나와 연결하는 질문하기
엄마 이 문장을 보니 겪었던 일 중에 어떤 경험이 떠올라?
　　　같은 상황을 겪었다면 너였다면 어떻게 말했을까?

3단계: 단어와 표현을 다르게 떠올리며 질문하기
엄마 이 단어를 다른 단어로 바꾼다면 뭐가 있을까?
　　　이 표현 대신 어떤 말을 넣으면 좀 더 문장이 생생해질까?
　　　이 표현을 좀 더 부드러운 언어로 바꾼다면?

4단계: 엄마도 한 줄 써보며 질문하기
엄마 엄마는 이렇게 써봤어. 네 생각은 어때?
　　　엄마는 이 문장이 마음에 들어. 너는 어때?

5단계: 한 줄 문장의 관점을 바꿔 질문하기
엄마 이 문장을 다른 인물이 본다면 어떤 생각이 들까?
　　　이 문장을 주인공 친구 입장에서 떠올린다면?
　　　주인공의 부모님은 이 문장을 보고 어떤 생각이 들었을까?

조용하지만
꾸준히
하는 힘

    6개월이 넘게 꾸준히 독서를 하고, '질문 독서 발자국'에 하루 한 줄을 꾸준히 남기던 초등학생 2학년 아이가 있습니다. 처음 이 아이는 80쪽 남짓한 책도 벅차 했습니다. 책을 읽고 난 뒤 '뿌듯하다'라는 느낌도 받지 못했습니다. 질문을 건네면 "어려워요", "잘 모르겠어요"라는 대답만 이어지던 시간이었죠. 그러나 하루가 지나고, 또 하루가 지나며 한 줄 쓰기를 6개월 이상 꾸준히 이어간 결과, 아이에게는 조용하지만 깊은 변화가 찾아왔습니다.

    아이의 첫 한 줄 기록은 소박하고, 단순했습니다.

"방귀쟁이 며느리는 이후 집을 나가 어디로 가게 되었을까?"
"화산 폭발이 많이 일어나게 되면 지구는 어떻게 될까?"
"이순신 장군이 돌아가셨다는 사실은 빠르게 퍼졌을까?"
"우주의 끝은 어디일까?"
"어떻게 사랑의 학교에 나오는 친구들은 남을 배려해주는 아이가 많을까?"
"로봇이 세상을 지배하게 된다면 미래는 어떻게 될까?"

 이처럼 단순하고 호기심 어린 질문이 아이의 하루 한 줄의 시작이었습니다. 처음에는 책을 읽고 난 뒤 아이가 마음속에 떠오른 궁금증 하나를 시작으로 저와 대화를 이어갔습니다. 대화가 깊어지지 않아 서로 머뭇거리는 시간도 있었습니다. 아이의 대답을 기다리는 시간도 정말 많았습니다.
 문장이 바로 나오지 않을 때는 책 속에서 마음에 남는 문장을 한 줄 골라보는 활동도 함께했습니다. 교사가 먼저 "선생님은 이 문장이 마음에 들더라"라는 말에 아이는 하나하나 페이지를 넘기며 울림을 준 장면을 찾기 시작했습니다.
 처음에는 시간이 오래 걸렸지만, 점차 속도가 붙고, 문장을 고르는 눈도 생겼습니다. 이후 질문에서 이후에 벌어질 일을 상상하고, 떠올리는 연습은 아이에게 말과 글로 표현하는 힘을 기르는 데 디딤돌 역할을 해주었습니다.

독서의 문은 마음의 문을 연다

아이의 어머님은 첫 활동 포트폴리오 파일을 받고 놀라움을 감추지 못하셨습니다. 평소에 말수가 적고, 집에서는 감정을 잘 표현을 하지 않는 아이라고 했습니다. 학원에서 책에 대해 선생님과 이야기를 할 때도 아무 말도 못할까 봐 걱정이 많았다고 합니다.

아이가 저와 나눈 대화를 정리해서 활동지에 쓰고, 그동안 활동했던 내용을 모은 포트폴리오 파일을 보시곤 "우리 아이가 이렇게 많이 읽고 쓰는 줄 몰랐다"라며 집에서도 할 수 있는 활동에 관심을 보이셨습니다. 아이가 활동지에 남긴 한 줄은 아이의 마음을 보여 주는 소중한 기록이 되었습니다.

이제는 제가 어떤 질문을 던져도 아이는 곰곰이 생각해 보는 시간을 즐깁니다. 마음의 문을 열고 아이를 기다리는 시간을 견디고 나니 아이의 좋은 문장이 눈에 들어오기 시작했습니다.

아이는 자신의 생각을 활동지에 적으며 머릿속 생각 상자를 마음껏 펼쳤습니다. 무엇보다 아이는 엉뚱하더라도 스스로 생각하고, 스스로에게 질문을 던지는 방법을 알게 되었죠. 제가 "생각을 글로 표현해볼까?"라고 말하면 "해볼게요!"라고 자신 있게 말하던 모습, 스스로 읽고 싶은 책을 고르고, 그 내용을 즐겁게 읽고 생각하며 말로 표현하는 시간은 아이에게 어떤 책도 도전해 볼 만하다는 자신감을 불어넣어 줍니다.

하루에 글 한 줄을 남기는 일은 점처럼 작은 기록일 뿐이지만, 그 점이 모여 마음을 잇는 무수한 선이 될 것입니다. 책 속 문장을 곱씹으며 떠올린 장면, 주인공의 감정을 상상하며 나의 마음과 연결해 보는 경험은 단순한 기록을 넘어 아이만의 내면 세계를 확장하는 힘이 되었습니다.

처음부터 한 편의 글을 작성하려고 하면 아이도, 교사도 부담이 됩니다. 하지만 하루 한 줄은 누구나 시작할 수 있는 작은 첫걸음입니다. 이 작은 점을 엄마의 질문으로 찍어 주세요. 그 대화 속에서 아이는 자신만의 언어로 세계를 설명하기 시작하고, 한 편의 글을 작성하는 데까지 도달합니다. 주인공과 나란히 걷는 상상도, 문장에 깃든 감정의 떨림도 담깁니다.

처음에는 기다리는 시간이 길고, 답답하게 느껴질 수 있습니다. 하지만 그 시간을 다그치지 않고 견디고 지나갔을 때, 아이의 마음은 서서히 열립니다. 하루 한 줄이 마음을 여는 열쇠가 되고, 그 작은 문이 열릴 때마다 아이는 조금씩 더 넓은 세상과 만나게 됩니다.

쓰기 부담을 줄여 주는 엄마의 말

- ▼ 아이 스스로 고른 책에서 시작하세요. 그래야 흥미와 몰입도가 올라갑니다. 책을 다 읽지 않아도 괜찮습니다. 꼭 완독 후에 써야 한다는 부담을 주지 마세요. 한 장면, 한 문장만으로도 충분합니다.

- ▼ 질문은 "가장 기억에 남는 장면은 뭐였어?"라고 시작해 보세요. 내용을 되짚게 하기보다는 느낌을 묻는 질문이 아이의 생각을 열어 줍니다.

- ▼ 엉뚱한 질문도 칭찬해 주세요. "너만이 할 수 있는 생각이네!"라고 공감해 주면 대화의 깊이가 생깁니다.

- ▼ 엄마의 한 줄도 함께 써 보세요. 아이는 엄마도 진심으로 책을 즐기고 있는 모습을 보며 기록의 가치를 배웁니다.

- ▼ 한 줄에 날짜를 기록해 주세요. 기록이 쌓이면 아이가 성장한 여정을 한눈에 파악할 수 있습니다.

- ▼ 한 줄 쓰기 후 짧은 대화를 나눠 주세요. "엄마는 네가 이 문장을 쓴 이유가 궁금해"라는 질문은 아이의 생각을 더 말할 수 있게 하는 마법의 말입니다.

5장

기다려 주는 엄마, 책 읽는 아이

엄마의 질문력을 키우는 법

호기심,
아직
아이 안에 있어요

저는 주변을 잘 관찰하며 호기심이 가득한 아이들의 눈빛에서 사랑스러움을 느낍니다. 궁금증을 참지 못해 매일 조잘조잘 수다쟁이가 되는 아이들 말이에요. 최근 어린이집에 들어간 조카를 바라보면 눈빛에서부터 세상에 대한 호기심이 가득해 보여 웃음이 납니다.

아이들을 보며 제 어린 시절도 떠올려 봤습니다. 여섯 살 때 엄마와 함께 버스를 타거나 길을 걸어갈 때 저는 주변 건물의 간판 내용을 그렇게 묻고 다녔다고 합니다. "엄마, 이건 뭐라고 써 있어?", "저기는 뭐하는 곳이야?"라는 질문을 수도 없이 했다고 합니다. 매번 물을 때마다 귀찮았을 법도 한데, 엄마는 하나하나 대답해 주셨던 기억이 어렴풋이 납니다. 그런데 요즘 아이들은 호기심 가득한 반짝반짝한 눈빛을 잃어가고 있는 것 같아 안타까운 마음이 듭니다.

"몰라요! 생각 안 나요! 안 할래요!"

질문할 때마다 들리는 아이들의 설렁설렁한 대답은 가끔 저를 힘 빠지게 만듭니다. 점점 호기심이 사라지고 생각하는 힘을 잃어버린 아이들. 과연 이 모습은 어디서부터 시작되었을까요?

글보단 스마트폰이 익숙한 아이들

요즘 아이들을 보면 몸에 늘 피로감이 몰려 있다는 사실을 저는 꽤 오래전부터 눈치채고 있었습니다. 이른바 '학원 뺑뺑이'를 하는 아이들에게서 느껴지는 피로감 말이죠. "선생님은 몇 시간 자요?"라고 질문할 때마다 솔직하게 대답할 수 없을 때가 종종 생깁니다. 이야기를 들어보면 직장인인 저보다 가끔은 초등학생의 수면 시간이 더 부족할 때가 많다고 느껴지기도 합니다. 매일 세 곳 이상의 학원을 저녁 늦게까지 도는 아이들을 수없이 봤습니다. 제 수업에 오자마자 이후 밤늦게 갈 학원을 가기 싫다고 걱정하는 아이들도 많습니다.

　이러한 피로감 때문에 생각하는 것조차 귀찮게 느껴지는 것은 아닐까요? 물론 생각하는 힘이 약해진 데에는 선택지가 너무 많아진 것도 한몫할 것입니다.

　스마트폰과 인터넷만 둘러봐도 정보가 넘쳐나는 세상입니다. 스마트폰 속의 수많은 웹 사이트는 대부분 무한 스크롤 방식을 사용합니다. 아이들은 화면을 계속 내려가며, 세로로 정보를 끊어 읽는 데 익숙해졌습니다. 책처럼 문장을 왼쪽에서 오른쪽으로 흐름을 따라 읽던 방식과는 점점 멀어졌죠. 이미지와 짧은 자막 중심의 정보에 노출되다 보니, 긴 글을 끝까지 읽지 못하는 집중력 저하 현상도 나타납니다.

　요즘 교육 시장은 학원의 종류뿐 아니라 과목의 세부 영역까지도 나뉘어 매우 구체화되어 있습니다. 수많은 선택지 속에서 아이들은 끌려가듯 정보와 지식을 쏟아내는 하루를 보냅니다. 그러다 보니 스스로 깊이 생각해 보는 시간이 점점 줄어들고 있다는 생각이 듭니다.

아이가 초등학교에 들어가기 전 세 살부터 일곱 살 사이의 모습을 곰곰이 떠올려 보세요. 수다쟁이처럼 끊임없이 말을 하던 아이를요. "이건 뭐야?", "저건 왜 그래?"라며 부모를 향해 수도 없이 질문을 쏟아냈던 기억을요. 언제부터인지 그렇게 질문이 많았던 아이들이 초등학교에 들어가면 대답을 하지 않습니다. 궁금한 것이 생겨도 그냥 넘어가야 할 것 같은 분위기에 아이들은 점점 조용해졌습니다.

교실 분위기에 따라 다르겠지만 대답이 틀리면 안 된다는 두려움을 가지는 아이들도 많이 늘어났습니다. "이런 말을 하면 친구들이 나를 어떻게 생각할까"를 진지하게 고민하는 아이들이 꽤 있더군요. 이러한 분위기는 아무도 질문하지 않는 교실 분위기로 몰고 갑니다.

생각하는 힘을
되살려야 한다

요즘처럼 인공지능이 발달하고 불확실성이 커지는 시대에서 생각하는 힘은 아이들의 경쟁력이 됩니다. 토머스 에디슨과 같은 위대한 발명가들을 떠올려 볼까요? 이들은 어릴 때부터 지식을 많이 접한 사람이 아니라, 주변을 항상 관찰하고 생각하는 힘이 강한 사람들이었습니다. 에디슨은 세상이 필요로 하는 것이 무엇인지 먼저 상상하며 발명을 위해 끊임없이 노력했습니다.

무엇보다 생각하는 힘을 기르는 시기는 어린 시절, '질문'에서부터 시작되어야 합니다. 잠시 멈추고 아무도 방해하지 않는 환경을 만들고, 아이들이 온전히 책에 집중하며 생각할 수 있는 시간을 주는 것은 어떨까요? 이때는 아이도, 엄마도 스마트폰을 멀리하고, 단 몇 분이라도 눈으로 책 속의 글을 천천히 읽어 보세요. 뇌로 책 속의 정보를 소화하며 신체를 이완하고, 생각하는 시간을 가져 보세요.

그리고 아이들이 궁금해하고, 우리에게 질문을 던져 주었다면 엄마는 진심을 담아 반응해야 합니다. 엉뚱한 질문이라도 상관없습니다. 교사와 부모가 해 줄 수 있는 교육은 비싼 교육을 이것저것 많이 시키는 것이 아닌, 매번 부를 때마다 그 순간, 귀찮음을 이겨내는 마음이라고 생각합니다.

"엄마, 이건 무슨 말이야?"
"응, 이건 말이지…"

생각하는 힘을 잃어가는 아이들 곁에서 교사와 엄마는 잠시 하던 일을 멈추고 아이의 말에 귀 기울이는 연습을 조금씩 해 보면 어떨까요? 조금은 느리더라도 아이들은 다시 수다쟁이가 되고, 호기심으로 반짝이는 눈빛도 함께 돌아올 것입니다.

생각을 떠오르게 하는 엄마의 질문법

책 내용을 말하기 어려워하는 아이에게 어떤 질문을 하면 좋을까요? 특히 아이가 책 내용을 물어봤을 때 생각이 안 난다고 답한다면 다음과 같이 말해 주세요.

엄마 책을 읽을 때 어떤 기분이었는지 이야기해 줄래?
 딱 하나만 떠올려 본다면 어떤 장면이 기억나?
 만약에 책 속 이야기 한 장면으로 갈 수 있다면 어디로 가고 싶어?
 한 장면을 그림으로 표현해 본다면 어떤 것을 그리고 싶어?
 이야기에서 신기하거나 재미있게 느껴진 장면을 이야기해 줄래?

"우리
엄마는
답정너예요"

　초등학생 3학년인 윤서와 전래고전인 《흥부전》을 읽고 이야기 나누려고 했습니다. 그런데 윤서가 "저 이 책 엄마가 이야기해 줘서 다 알아요! 흥부는 착한 사람, 놀부는 나쁜 사람이잖아요!"라고 말했습니다. "왜 흥부는 착한 사람이라고 생각했어?"라고 묻자, "몰라요. 엄마가 착한 사람이 흥부라고 했는데…"라며 머뭇거립니다.
　특히 전래고전 독서 시간에 느끼는 특징이 있습니다. 집에서 엄마가 알고 있는 내용을 아이에게 설명하며, '착한 사람은 복을 받고, 나쁜 사람은 벌을 받는다'라는 주제를 말해 주는 경우가 있습니다. 이후 아이가 스스로 책을 읽어 보지만, 더는 생각의 흐름이 확장되지 않습니다. 이미 엄마가 원하는 정답을 알아버렸으니까요.

우리가 익히 알고 있는 도서를 집에서 엄마와 함께 읽다 보면 엄마는 이미 주제를 알고 있을 때가 많습니다. 이때 아이가 정답에 가까운 대답을 하도록 생각을 유도하려는 질문이 이어집니다.

"흥부가 착한 행동을 많이 했더니 결과가 어떻게 됐지?"
"반대로 놀부는 욕심을 많이 부려서 어떻게 됐어?"

이미 답을 정해 두고 대화를 이어 가면 아이는 엄마가 의도하는 교훈적인 주제에서 벗어나지 못하고 이야기를 다르게 해석할 기회를 잃습니다. 요즘 말로 엄마가 '답정너(답은 정해져 있고 너는 대답만 하면 돼)'가 되면, 아이는 대화에 금세 싫증을 느끼고 집중력을 잃습니다. 어차피 무슨 말을 해도 정답이 정해져 있기 때문입니다. 엄마가 정해진 대답을 유도하며 분위기를 가져가지 않도록 해야 합니다.

엄마의 편견을 빼고 질문하자

《흥부전》에서 "흥부는 가난하면서도 현재 상황에서 벗어날 노력을 적극적으로 하지 않은 것에 대해서는 어떻게 생각해?"라고 질문해 보세요. 이렇게 답이 정해지지 않은 질문을 던지면, 아이들은 각자의 생각에 맞는 다양한 답변으로 엄마를 놀라게 합니다. 또한 "놀부가 마지막에 반성하는 모습은 어떤 의미가 있을까?"라고 물어보면 흥부는 착한 사람, 놀부는 나쁜 사람이라는 이분법적 사고에서 조금은 열린 생각을 할 수 있습니다.

이러한 질문의 가장 큰 장점은, 아이가 수많은 정보를 무비판적으로 받아들이지 않고 능동적으로 판단하는 힘을 기를 수 있다는 점입니다. 특히 글을 통해 논리적인 사고력을 길러주고 싶다면, 대화의 핵심은 '인과 관계' 흐름을 이해하도록 돕는 데 있습니다. 그런데 이 인과 관계를 아이 스스로 생각하고 찾아보게 하는 것이 아니라, 부모가 정답을 유도하는 식으로 대화를 이끈다면, 우리가 바라는 효과를 얻기 어렵습니다. 엄마와의 책 읽기 대화가 아이에게 즐거운 경험이 되지 않는다면 그 순간, 책 읽기의 주인공은 아이가 아닌 엄마가 됩니다.

아이가 다양한 상황을 떠올리고 마음껏 표현하려면, 엄마가 내 이야기를 열린 마음으로 잘 듣고 있다고 느끼고, 편안한 분위기어야 합니다. 아이가 엄마와 책을 읽고 이야기를 나누는 것이 즐거운 과정이라고 여기고, 이러한 경험이 누적되어 '책은 다양한 생각을 하면서 읽는 거구나'라고 직접 느낄 수 있죠.

분명 같은 책을 엄마와 아이가 함께 읽었더라도 엄마의 관점과 아이의 관점은 다릅니다. "이 이야기의 교훈은 무엇일까?"라는 식의 결론을 유도하는 질문은 피해야 합니다. 이미 책에 교훈이 있어야 한다고 정한 상태로 하는 질문입니다. 이 질문을 하기 전에, "이 책이 하고 싶은 말은 무엇일까?"라는 가벼운 질문 먼저 해 주세요. 엄마가 "이건 이렇게 생각해야지"라고 아이의 대답의 방향을 정하지 않았으면 좋겠습니다. 이 경우 아이는 이야기 속에서 정답을 찾는 데에만 집중할 것입니다.

아이가 '내 대답이 틀리지 않았구나'라고 느끼는 순간, 마음속 말들이 조금씩 자라나기 시작합니다. 즐겁고 설레는 엄마의 10분의 대화, 아이가 마음껏 펼칠 수 있는 그 시간은 표현력의 뿌리를 내리는 시간입니다.

책에 없는 이야기를 끌어내는 힘은, 책을 읽고 나누는 대화

속에서 피어납니다. 그 시작은 엄마의 편안한 질문이죠. 그동안 우리는 책을 소리 내어 읽어 주는 부모의 모습은 익숙했지만, 아이는 늘 듣는 자리에서만 머물러 있었는지도 모릅니다.

이제는 아이가 조용히 듣는 자리를 넘어, 생각을 말하는 주인공이 되도록 자리를 내어 주세요. 아이의 입에서 첫 문장이 흘러나오는 그 순간, 책은 더 이상 활자가 아닌, 마음과 마음을 잇는 다리가 됩니다. 그리고 그 다리를 건너며 아이는 매일 조용히, 그러나 분명하게 한 걸음씩 성장할 것입니다.

엄마의 정답 대신 아이에게 건네는 열린 말

책을 읽는 시간의 주인공은 엄마가 아닌 아이입니다. 어른의 눈에서는 답이 뻔히 보이는 내용일지라도, 편견 없이 아이가 의견을 자유롭게 표현할 수 있도록 질문해 주세요.

엄마 네가 왜 그렇게 생각했는지 궁금해.
　　　너는 어떤 느낌이 들었어?
　　　그렇게 생각할 수도 있구나.
　　　엄마는 다르게 생각했었는데, 네 생각도 훌륭해.
　　　네 표현, 정말 재미있는 이야기네!

비교와
조바심
내려놓기

'우리 아이만 뒤처지면 어쩌지.'
'이 시기를 놓치면 반드시 후회하지 않을까.'

아이를 키우는 학부모라면 공부와 관련해 이러한 생각을 한 번쯤 해봤을 것입니다. 아이가 오늘 해야 할 숙제를 하지 않거나 학원을 가기 싫어할 때, 시험 점수 결과가 낮을 때마다 엄마의 마음은 불안감으로 피어오릅니다.

초등학생 1학년 수아 엄마는 학교에서 있을 받아쓰기가 하루 종일 신경이 쓰입니다. 등교 전부터 아이에게 단어를 몇 번

씩 외우라고 시키고, 제대로 쓰지 못하면 "이걸 왜 모르는 거야?"라고 다그칩니다. 아이는 등교 전부터 기분이 우울하고 글쓰기가 싫어집니다. 학교를 마치고 집으로 돌아온 수아는 이번에는 학원 숙제를 미루고 쉬고 싶어졌습니다. 하지만 엄마는 "다른 애들은 오자마자 숙제를 다 끝내는데 넌 왜 그러는 거야"라고 이야기합니다. 수아는 결국 억지로 책상 앞에 앉지만, 집중이 잘 되지 않습니다.

 엄마의 조바심을 키우는 하나의 원인은 다른 아이와의 '비교'의 마음에 있습니다. 같은 반 학부모 모임에서 다른 아이가 상을 받았거나 학원에서 최상위권 반에 합격한 일, 어떤 과목을 잘한다는 소식을 접할 때면 자신의 아이와 자연스럽게 비교하는 마음을 가집니다.

"누구는 벌써 선행도 척척 잘 따라간다던데, 우리 아이는…."
"누구는 학원을 많이 다녀도 지치지 않는다던데…."

 이러한 마음은 더 많은 시간을 들여 사교육을 시키고 싶은 열망으로 변합니다. 결국 조바심은 아이의 심리적 부담감을 더 키우고, 그것은 아이의 마음을 짓누르는 역할을 합니다.

지금이 아니라도 괜찮습니다

'지금이 아니면 안 되는데'라는 마음은 엄마의 마음속 깊은 두려움과 연관이 있습니다. 아이가 어릴 때 영어유치원을 보낼지 말지를 고민할 때를 떠올려 보세요. 교육 전문가들 사이에서도 이와 관련해 여러 의견이 오갑니다. 어릴 때 교육을 받아야 더 쉽고 빠르게 배울 수 있다는 의견, 어릴 때는 교육보단 놀이에 집중해야 한다는 의견 등 너무 많습니다.

어떻게 해야 할지 모르는 엄마는 이 시기를 놓치면 안 된다는 생각에 조바심을 가지고 불안해합니다. 그리고 이러한 마음이 과도한 사교육으로 이어지지만, 사교육을 시키면서도 조급한 마음은 가라앉지 않습니다.

신기하게도 최근에 상담을 하다 보면 "우리 아이가 영어유치원을 다녀서…"라는 말을 시작으로 영어 공부에 집중하다 보니, 한글과 독서 공부가 부족하다고 느끼는 학부모님들이 많습니다. 초등학교에 입학한 지 일 년이 지났지만 다시 한글 공부부터 시작하는 아이도 여러 명 봤습니다.

그런데 그 시간조차 교사를 믿고 맡기는 교육이 아닌, 교육 성과가 나오지 않으면 재빨리 학원을 이곳저곳을 옮기죠. 아이는 새로운 장소에서 적응하는 데에만 많은 시간을 보냅니다. 초등학생 사교육 기관에서 근무하다 보니 6개월을 꾸준히 학원에 보내는 학부모님들이 드물다는 생각이 들었습니다. 2~3개월 안에 엄마가 바라는 문장과 아이의 활동 성과가 나오지 않으면, 기다리지 않고 또 다른 곳을 알아보는 학부모님들이 많습니다.

아이 공부의 주도권은 결국 엄마에게로 향해 있습니다. 엄마의 조급함은 아이를 공부를 더 열심히 하게 하는 대신, 아이를 지치고 혼란스럽게 만듭니다. 결국 조바심을 내려놓는 것이 아이의 행동과 선택을 지지해 주는 것입니다. 엄마가 마음의 여유를 조금만 더 가진다면, 아이는 압박 속에서 공부하지 않고, 스스로 읽고 쓰고 이해하는 능력을 키워 나갈 것입니다.

엄마도 물론 두렵고 긴장된다는 점, 알고 있습니다. 하지만 엄마가 긴장을 풀 때 아이도 긴장을 내려놓고 안심할 수 있습니다. 아이는 엄마의 표정, 말투, 행동을 관찰하며 엄마의 상태를 파악하죠. 엄마가 불안해하면, 그것을 보는 아이 역시 불안할 것입니다.

아이의 작은 시도를 있는 그대로 바라보는 것은 사실 부모로서 쉬운 일이 아닙니다. 가끔은 실수를 하고, 옳지 않은 방향으로 나아가는 것 같죠. 하지만 아이를 믿어 주는 마음이 아이를 주도적으로 만듭니다.

독서 역시 마찬가지입니다. 다른 아이들보다 책을 느리게 읽는 것 같아도, 요점을 잘 파악하지 못하는 것 같아도 괜찮습니다. 관심과 시간을 가지고 함께 성장하면 됩니다. 다른 아이와의 경쟁과 비교 속에서 조바심을 내려놓는 것은 아이의 성장을 옆에서 지켜보며 부모가 든든한 울타리가 되어 주는 것입니다.

아이가 스스로 활동하는 경험은 엄마의 기다림과 믿음에서 나옵니다. 기다림 속에서 조금씩 성장하는 아이를 지켜보는 일, 바로 그 순간들이 엄마가 누릴 수 있는 진정한 기쁨이 아닐까요?

조바심을 내려놓는 구체적인 방법

1단계: 조바심이 올라오는 마음을 인지하기
아이가 숙제를 미루거나 성적이 좋지 않아 갑자기 화가 올라올 때 심호흡을 해 주세요. 지금 조급함을 느끼고 있음을 알아차리는 것이 중요합니다. 우리의 목표는 아이를 통제하는 것이 아닙니다.

2단계: 비교 대신 내 아이의 속도를 인정하기
형제자매, 또래 친구와의 비교를 멈추고, 아이마다 속도가 다르다는 점을 그대로 인정해 주세요. "지금 네 속도로 해도 충분히 괜찮아"라고 아이에게 말해 준다면, 아이 역시 안정감을 느낄 것입니다.

3단계: 엄마의 욕심을 들여다보기
아이에게 바라는 모습에 엄마의 욕심이 투영될 수 있습니다. 정말 아이를 위한 일인지, 나의 기대를 충족시키려는 욕심인지 스스로에게 물어보세요. 엄마의 솔직한 마음을 하루 한 줄 수첩에 적는 것도 좋습니다. 오늘 아이에게 했던 말이 정말 아이를 위해 한 말이었는지 생각해 보세요.

4단계: 여유 있는 말투로 질문하기
엄마의 조바심은 결국 말투에서부터 드러납니다. 아이에게 재촉하거나 강요하는 말 대신 부드러운 표현으로 바꿔서 이야기해 주세요. "왜 아직도 안했어?"라는 말 대신 "언제쯤 같이 시작할지 엄마한테 이야기해 줄래?"라고 말해 보세요.

아이 속도에 맞는
우리 집
독서법

　국어학원, 논술학원, 독서학원…. 사교육 좀 한다는 학군지의 아이들은 위의 학원을 모두 따로 다닌다는 사실에 입이 떡 벌어집니다. 교실에서도 이러한 대화는 종종 들립니다.

"너는 학원 몇 개 다녀?"
"월요일 두 개, 화요일 세 개, 수요일 세 개…"

　일주일에 총 몇 개의 학원을 다니는지 파악이 잘 안 될 정도로 요즘 아이들은 학원에 많이 다닙니다.

"선생님은 어릴 때 학원 몇 개 다녔어요?"
"선생님이 어릴 때에는 이렇게 다양한 학원이 많지 않았어."

말하고도 아차 싶었습니다. 그리고 다음 날 학부모에게 "선생님이 어릴 때 학원 많이 안 다녔다고 말하는 바람에 우리 아이가 학원가기 싫어할까봐 걱정돼요"라는 전화를 받았습니다. 말에 오해가 있겠다 싶었지만, 교육에 예민한 학부모들 사이에선 말 한마디도 조심스러워집니다.

뻔한 독서 교육, 이젠 바꿔야 할 때

사교육 시장에 발을 담고 수업을 진행한 지 수년이 지났지만, 해결되지 않는 고민이 있었습니다. 정해진 지도안에서는 한계가 보였습니다. 특히 독서 교육의 경우, 한계가 더 확연하게 드러납니다. 그동안 사교육 시장의 독서 교육은 일주일 동안 같은 책 한 권을 집에서 읽고, 수업 시간에는 교사의 질문을 중심으로 진행되는 방식이었습니다. 그리고 글을 쓰는 것이 공통적인 커리큘럼입니다.

저 역시 이러한 커리큘럼으로 오랜 시간 아이들과 함께 수업을 진행했습니다. 그런데 여기에 읽기 교육의 모순이 드러납니다. 같은 책으로 동일하게 수업하지만, 어떤 아이는 잘 따라오고, 어떤 아이는 너무나 어려워하는 게 확연히 드러났습니다. 초등학생일수록 아이들마다 읽기 능력이 천차만별입니다. 하지만 저 역시도 예전엔 아이의 읽기 수준을 고려하지 않고 수업을 진행했죠.

모순이 한 가지 더 있었습니다. 대다수의 학원 방식대로라면, 정해진 책을 집에서 읽고 와야 합니다. 교사는 아이가 집에서 어떻게 책을 읽는지, 스스로 읽는지, 엄마가 읽어 주는지 전혀 알 수 없습니다.

책을 읽고 끝내는 데에서 그치면 우리가 목표로 하는 독서의 순기능을 잃게 됩니다. 책을 읽고 아이가 여러 번 스스로 '되새김질'하는 과정 중심의 학습과 교육이 필요합니다. 그러나 아직 우리는 아이가 몇 권을 읽었는지에 더 집중하는 결과 중심의 목표에 다가가기 위해 아이도 힘들고, 엄마도 힘든 교육을 하고 있습니다.

독일의 건축역사학자 코넬리우스 그루리트는 이렇게 이야기합니다.

"생각하는 것을 가르쳐야지 생각한 것을 가르쳐서는 안 된다."

저 역시 독서 교육을 하며 아이들에게 독서력을 길러 주겠다고 다짐했지만, 제가 생각한 것을 가르치려고 아이들의 대답을 끌어낸 것은 아닌가 하고 고민에 빠진 적이 많았습니다.

동기 부여와 말하고 싶은 환경이 중요하다

읽기 교육에서 가장 효과적인 것은 아이가 스스로 읽고 싶어 하는 동기 부여와 함께 읽고, 말하고 싶은 환경입니다. 우리 집의 모습을 떠올려 보세요. "엄마, 아빠도 집에서 책 안 읽으면서 왜 나한테만 읽으라고 그래!"라고 말하는 아이들이 많습니다. 말과 행동이 다른 어른들의 모습은 아이들의 마음에 큰 울림을 주지 못합니다.

제 어릴 적 경험을 떠올려 보았습니다. 거실 곳곳에 아버지의 책과 신문이 펼쳐진 모습을 자주 봤던 기억이 납니다. 그럴 때면 자연스럽게 호기심이 생겼고, 저도 덩달아 책을 보고 싶은 마음이 피어올랐습니다. 곰곰이 생각해 보니 아버지는 저에게 먼저 "책 읽어야지"라고 말하신 적이 없었습니다.

요즘 읽기 교육이 디지털 환경과 맞물리면서 아이들은 제대로 읽기 준비가 되지 않은 채 넘치는 정보를 받아들여야 하는 상황에 처했습니다. 아이들이 온라인에서 정보를 비판적으로 읽을 능력과 준비를 충분히 하지 못하고 있지만, 자극적인 정보들이 넘쳐납니다. 그 정보를 있는 그대로 받아들이는 아이들이 정말 많습니다.

신문 기사를 온라인으로, 카드 뉴스로 읽는 세상입니다. 어딜 가나 읽어야 할 글은 많은데, 설명문, 논설문, 실용문, 문학 등 교과서나 문제집 지문을 제외하고는 아이들이 따로 글을 읽는 시간이 줄어들고 있습니다.

이렇기 때문에 독서가 필요합니다. 책을 읽으며 생각의 씨앗을 심고, 남다른 눈으로 문제를 올바르게 바라보는 힘을 키워야 합니다. 스스로 읽는 능력이 저하되면 어떤 글을 읽어도 그때뿐이라는 사실을 기억해야 합니다. 특히 강제로 책을 읽게 하고, 시험을 보듯 주제를 주입해도, 세상에 있는 모든 글을 부모나 교사가 알려 줄 수 없다는 사실을 기억해야 합니다.

아이의 학년이 올라가며 교과 영역이 많아지면서 책을 읽을 시간은 점점 부족해집니다. 독서의 황금기를 놓치지 않고, 읽을 수 있는 아이로 성장하게 도와주세요. 우리가 아이의 읽기 교육에서 궁극적으로 바라는 것은 모두가 똑같은 책으로 같은 생각을 하는 게 아닌, 아이 스스로 많은 생각을 하도록 하는 데 있습니다.

아이들을 위한 맞춤 책 추천

1단계: 책이 처음이라면?
짧은 문장과 풍부한 그림이 나오는 책을 고르는 게 좋습니다. 의성어, 의태어 중심의 도서나 짧은 창작 글이 도움이 될 수 있습니다. 《홀짝홀짝 호로록》(창비), 《엄마 자판기》(노란돼지), 《보물찾기》(고래뱃속), 《엄마마중》(보림)를 추천합니다.

2단계: 짧은 글을 읽기 시작한 아이
문장이 단순하고 '내가 혼자 끝까지 읽었다!'라는 성취감을 주는 쉬운 도서가 좋습니다. 《강아지똥》(길벗어린이), 《책 빌리러 왔어요》(웅진주니어), 《내 친구 짐》(책빛), 《춘희는 아기란다》(사계절)를 추천합니다.

3단계: 긴 책에 관심이 보이는 아이
사건의 흐름을 쉽게 이해할 수 있는 전래고전이나 명작 도서가 좋습니다. 《심청전》(교원), 《눈의 여왕》(아람), 《토끼전》(교원), 《닐스의 모험》(아람)

4단계: 읽기 재미에 푹 빠진 책벌레
책에 숨은 의미를 찾고 말할 수 있는 힘을 기르는 데 도움을 주는 책입니다. 《이상한 나라의 앨리스》(아람), 《박씨전》(교원), 《어린 왕자》(아람), 《마녀를 잡아라》(시공주니어)

초등 고학년을 위한 읽기의 기술

초등학생 5학년 아이를 둔 민혁이 엄마는 요즘 마음이 급합니다. 이미 중학생이 된 첫째 아이의 국어 성적이 좋지 않아, 여기저기 국어 학원을 알아보고 있습니다. 둘째인 민혁이라도 어릴 때부터 책을 많이 읽혀 볼까 싶어 독서 교육 학원에 문을 두드립니다.

"여기에선 아이가 일주일에 몇 권의 책을 읽나요?"
"아이마다 다르긴 하지만, 고학년이라 글이 길어 등원할 때마다 한 권을 제대로 소화할 수 있다면 충분합니다. 혹시 가정에서 따로 읽고 있는 책이 있나요?"

"제가 최근에 추천 도서 몇 권을 사줬는데, 도통 아이가 들여다볼 시간이 없어요. 다른 학원도 많이 가야 해서요."

엄마는 아이가 고학년이 되면서 독서가 생각보다 중요하다는 것을 뒤늦게 알아차립니다. 그러나 아이는 이미 학원과 숙제에 치여 독서할 시간이 없죠. 교내외 활동도 늘어나고, 스마트폰 사용 비중도 급격히 증가하기 때문에 자연스럽게 책과 멀어집니다.

시간은 절반, 효과는 2배
4단계 독서법

이 시기에 독서 교육 학원을 보내도 효율적으로 시간 관리를 하는 것이 쉽지 않습니다. 학원에 등록했지만, 그 주에 읽어야 할 분량을 읽지 못해 내용을 모르는 채로 학원에 오는 아이가 많습니다. 시간에 쫓겨 책을 읽다 보니 내용을 띄엄띄엄 보며 빠르게 읽어 내려가는 바람에 책의 내용이 정확히 머릿속에 들어오지 않는 경우도 꽤 보았습니다.

그렇다면 이 시기에 시간은 줄이되, 효과적으로 책을 읽기 위해서는 어떻게 해야 할까요?

1단계: 하루 15분, 틈새 시간을 활용하라

저는 첫 번째로 많은 시간을 투자해서 책을 읽어야 한다는 부담을 내려놓으라고 말하고 싶습니다. 책을 끝까지 다 읽어야 한다는 부담에서 벗어나세요. 아침 식사 시간 전이나 잠자리에 들기 전, 이동시간 등 틈새 시간을 이용해 보세요. 하루 15분이라도 좋습니다. 실제로 15분을 집중해서 읽으면 10쪽 이상 읽을 수 있습니다. 물론 독서를 몰입해서 할 수 있는 환경에서 15분~30분을 집중해서 읽는다면 더 좋겠죠.

저도 최근 독서에 집중할 수 있는 환경을 만들고 싶어 새벽에 기상해 책을 30분 이상을 꾸준히 읽습니다. 그랬더니 하루에 많은 양을 읽어야 한다는 부담이 줄어들어 더욱 몰입해서 책을 즐길 수 있었습니다.

이렇게 하루 15분씩 아이들이 스스로 책에 몰입하는 시간은 정서적으로도 마음을 차분하게 해 주고, 스트레스를 줄여 줍니다. 독서에 대한 부담도 줄어들고, 조금이라도 꾸준히 읽다 보면 이해력과 배경지식이 차츰차츰 쌓일 것입니다. 시간은 짧지만 작은 실천이 쌓여 큰 변화를 이뤄내는 것처럼 점점 글을 읽는 속도도 빨라지고, 내용을 이해하는 정확도도 높아집니다.

2단계: 아이가 관심 있어 하는 책부터 읽기

아이가 읽고 싶은 책을 스스로 골라 그 책을 완독할 때까지 기다립니다. 한 달에 한 권을 목표로 시간을 넉넉하게 가져도 좋습니다. 분명한 것은 좋아하는 책을 여러 번 곱씹어서 내 것으로 만드는 작업이 필요하다는 사실입니다.

많은 어머님이 아이들이 독서를 해야 한다는 필요성을 느끼고 아이에게 책을 읽으라고 말하지만, 막상 책 첫 페이지를 열기까지도 많은 시간과 노력이 필요합니다.

이를 해결하는 가장 좋은 방법은 아이가 진짜 관심 있는 책부터 읽기 시작하는 것입니다. 아이가 축구나 야구 등 스포츠를 좋아하면 운동선수의 위인전이나 운동 관련 책을 고르게 해 주세요. 실험과 과학을 좋아하면 발명에 관한 책을, 미스터리를 좋아하면 탐정 소설이나 추리 동화책부터 흥미 있는 분야의 책을 선택해 주세요. 그러면 독서에 대한 거부감이 줄어들고 아이도 쉽게 몰입할 수 있습니다.

3단계: 가족 독서 시간 정하기

가족 모두가 함께 책 읽는 시간을 정하고, 분위기를 내면 아이의 독서 효율을 높일 수 있습니다. 함께 읽는 분위기는 아이에게 꽤 긍정적인 영향을 줍니다. 긴 시간을 투자하지 않아도 됩니다. 예를 들어, 저녁 식사 후 오후 8시부터는 짧게 가족 모두가 책을 읽는 시간으로 정하고 각자 좋아하는 책을 읽는 것이죠. 부모와 함께하는 시간이 즐기며 자연스럽게 책 읽는 습관을 기를 수 있습니다.

4단계: 독서 목표 설정하기

독서 목표를 설정하면 독서를 습관으로 만드는 데 큰 도움이 됩니다. 목표 없이 책을 읽다 보면 읽다가 마는 경우가 많기 때문입니다. 부담스러울 정도로 목표를 높게 잡는 것보다는 명확한 목표를 설정해 주세요. '하루 10분 독서하기', '한 달에 책 한 권 읽기', '관심 있는 분야의 책 다섯 권 읽기', '두 달에 한 권은 소설책 읽기' 등 목표는 아이들마다 구체적으로 설정하는 것이 좋습니다.

책을 읽을 때 인상 깊은 문장에 밑줄을 그으면서 읽는 것도 효율적인 읽기가 될 수 있습니다. 15분이 지나고 책을 덮고,

밑줄 그은 문장을 다시 한번 살펴보면 중요한 문장을 더 오래 기억할 수 있습니다.

  이렇게 계획을 세웠다면, 시간을 두고 진행 상황을 엄마와 함께 점검해 보길 바랍니다. 한 달 동안 목표를 얼마나 달성했는지 살펴보고, 너무 어려운 책을 골랐다면 다음 달은 다른 책으로 변경하기도 하며 유연하게 조절하고, 즐겁게 독서를 이어 가는 힘이 필요합니다. 우리가 아이들에게 독서 습관을 키워주고, 책의 즐거움을 알게 도와주는 것은 부모로서 해줄 수 있는 가장 큰 선물입니다.

하루 15분, 한 달 독서 챌린지 목표 설정 예시

주차	독서목표	활동 목표	질문하기	실천 한 줄
1주차	하루 15분, 책을 펼치고 독서하기	기억에 남는 한 장면 떠올리기	"나에게 어떤 장면이 가장 인상 깊었지?"	책을 매일 펼쳐 보았다!
2주차	인상 깊은 부분 밑줄 치기	나만의 한 줄 찾기	"내가 기억하고 싶은 문장과 떠오른 생각은 무엇일까?"	책 속에서 내가 기억하고 싶은 문장 찾았어.
3주차	이야기 흐름 생각하며 읽기	주인공이나 사건이 바뀐 장면 그리기	"이 장면에서 나라면 어땠을까?"	주인공 마음을 그림으로 표현해봤다.
4주차	뒷이야기를 상상하기	뒷이야기를 말로 표현하기	"다음 이야기는 어떤 장면이 펼쳐질까?"	내가 만든 이야기를 상상해봤다.

엄마의 감정,
아이 귀로
저장됩니다

엄마의 질문은 아이가 독서를 재밌고 소중한 경험으로 느끼게 하는 중요한 역할을 합니다. 대부분의 학부모님들이 아이와 책을 나누고 즐겁게 대화를 나누고 싶지만, 때로는 기대했던 시간이 예상과 다르게 흘러가기도 합니다. 늘 웃음과 따뜻함으로 채워지지만은 않죠. 엄마의 무심코 튀어나온 말과 감정에 따라 분위기는 전환됩니다.

"이걸 아직도 모르겠어?"
"도대체 몇 번을 이야기해야 해?"

"이렇게 대답할 거면 그만하자!"

책을 읽고 난 뒤 엄마가 무심코 이런 말을 내뱉었다면, 아이는 이것을 단순한 지적으로 받아들이지 않습니다. 엄마의 말투와 표정, 그 속에 담긴 감정까지 고스란히 아이의 귀와 마음에 저장됩니다.

아이는 그 순간부터 책을 읽고 나누는 대화의 시간이 설렘이 아닌 부담으로 느끼기 시작합니다. 책장을 넘기는 페이지마다 망설임이 생기고, 엄마의 질문에 답하는 목소리는 점점 작아집니다. 독서가 더는 즐거운 시간이 아닌, 불편한 시간으로 다가옵니다.

엄마의 감정이
아이의 사고력을 결정한다

엄마의 부정적인 언어는 아이의 마음과 사고력에 깊숙이 영향을 미칩니다. 아이는 '나는 잘 못하는 아이다'라는 인식을 스스로에게 새길 수 있습니다. 점차 독서뿐만 아니라 학습 전반에 대한 자신감을 잃게 됩니다. 이런 부정적인 감정이 반복되면 아이는 새로운 것을 배우고 시도하는 과정에서 늘 긴장하고 위축될 수밖에 없습니다. 아이에게 책 읽기는 탐색과 상상의 시간이 아니라 틀리지 않기 위해 조심스러워야 하는 시간이 됩니다.

《아기돼지 삼형제》를 읽고 난 수연이는 엄마에게 이렇게 이야기합니다.

아이 엄마, 늑대는 왜 그렇게 돼지의 집을 부순 거야?
엄마 그건 돼지를 잡아먹으려고 그런 거잖아. 그것도 몰라?
아이 아니, 내 말은 그게 아니라….

수연이는 말문이 막힙니다. 아이에게 궁금했던 것은 결과가 아니라 이야기에서 늑대가 그런 행동을 하게 된 이유와 감정이었습니다. 그러나 엄마의 다그치는 대답과 짜증스러운 말투가 수연이의 호기심을 꺾었습니다. 실망한 수연이는 엄마에게 더 이상 질문하지 않았고, 그날 책과의 대화도 거기서 멈춰 버렸습니다.

이처럼 엄마의 부정적 감정과 언어는 아이의 책을 읽는 학습 동기를 낮아지게 하고, 자유로운 상상과 사고를 제한합니다. 아이는 스스로 생각하고 표현하는 대신, 엄마가 원하는 정답만을 찾으려고 노력합니다. 엄마의 질문에 아이는 짧은 단답형으로 이야기하며 이 시간을 빨리 끝내고 싶어 합니다. 그제야 엄마와 아이도 더는 대화를 진행하지 못하고, 아쉬운 마음을 표현합니다.

부드러운 언어가 만드는 대화의 힘

그렇다면 엄마의 부정적인 언어를 줄이고, 즐거운 대화를 하려면 어떻게 대화해야 할까요? 아래처럼 간단한 말의 전환만으로도 분위기는 크게 달라질 수 있습니다.

"이걸 아직도 모르겠어?"
→ "이해가 안 되면 다시 한 번 읽어봐도 좋아."

"도대체 몇 번을 이야기해야 해?"
→ "틀려도 괜찮아. 엄마도 가끔 그래."

"이렇게 대답할 거면 그만해!"
→ "괜찮아. 그런데 이렇게 생각해 보면 어떨까?"

비난하는 말이 아닌, 아이를 허용하고 공감하는 말로 바꿔 주세요. 그래야 아이가 더 이상 두려움 없이 자신의 생각을 자유롭게 펼칠 수 있습니다. 특히 정답을 강요하지 않고 아이의 말을 열어 주는 질문으로 대화를 이어 가는 것이 중요합니다.

처음에는 결코 쉽지 않습니다. 부정적인 감정이 올라올 때 나도 모르게 내뱉는 말이 튀어나올 수 있습니다. 하지만 엄마의 언어와 감정이 부드러워질수록 대화의 주도권도 자연스럽게 아이에게 넘어갑니다. 이는 곧 아이가 스스로 책을 탐색하고 상상하는 힘으로 이어집니다.

책을 덮은 뒤, 아이의 마음에 가장 오래 남는 것은 책 속 이야기가 아니라 엄마의 말과 표정일 수 있습니다.

"틀려도 괜찮아."

이 한마디가 아이에게 실수를 두려워하지 않는 용기를 줍니다. 아이는 모르는 것이 나쁘지 않다는 것을 배우고, 질문하는 것을 주저하지 않습니다. 책 속 내용을 넘어 교실이나 친구 관계 속에서 아이가 적극적으로 자신의 생각을 표현할 수 있습니다. 정답 대신 상상의 말을 열어 주고, 아이의 실수를 허용해 주세요. 이러한 과정이 지나가면 아이는 책에서 모르는 내용이 나와도 당황하지 않습니다. 좀 더 적극적으로 엄마에게 질문하고, 교사에게 물어보는 능동적인 태도로 변합니다.

  책이 주는 감동과 지식보다 더 기억에 오래 남는 것은 엄마의 언어입니다. 아이가 책을 덮으면 엄마는 부드럽고 다정하게 질문해 주세요. 엄마의 긍정적인 감정이 아이 귀로 전달될 때, 아이도 긍정의 언어를 마음껏 표현할 수 있습니다. 그 언어들은 책이 가르쳐준 지식보다 더 깊고, 오래 마음속에서 빛날 것입니다.

부정적인 말을 부드럽게 바꾸는 법

엄마의 말이 부드러워질수록 아이의 자신감은 올라갑니다. 아이가 자신의 생각이 틀린 것이 아닌, 다른 생각이라는 것을 알 수 있게 도와주세요.

엄마 틀렸어.(X)
  조금 다르게 생각할 수도 있겠네.(O)

엄마 왜 그러는 거야?(X)
  혹시 마음이 불편했어?(O)

엄마 이럴 거면 그만해.(X)
  괜찮아. 그런데 이렇게 생각해 보는 건 어떨까?(O)

엄마 답답해 정말.(X)
  괜찮아. 천천히 다시 한번 떠올려 볼까?(O)

엄마 책 제대로 안 읽었구나?(X)
  다시 한번 읽어 보면 더 이해가 잘 될 거야.(O)

엄마 이런 것도 모르면 어떡해?(X)
  엄마랑 대화를 나누면 기억에 더 잘 남을 거야.(O)

추천 도서, 중요하지 않습니다

"이 책은 꼭 읽어야 해."
"이 책 유명한 책이죠?"

학교나 서점, 도서관에 가면 흔히 듣는 이야기입니다. 추천 도서는 교육적으로 검증되고, 아이들이 읽으면 좋은 책들로 선정됩니다. 어머니들은 도서관에 가서 한 바구니씩 추천 도서를 대여해 오기도 합니다. 저 역시 아이들에게 매달 추천 도서를 선정해 권한 적이 있습니다. 재미있는 책을 선정해 아이에게 조금이라도 책 읽는 즐거움을 맛보게 하고 싶었습니다.

처음에는 학원에서 읽는 책도 많은데 집에 빌려가서 책을 읽어 오라고 하니 아이들이 거부했습니다. 아이들에게는 읽어야 할 숙제가 하나 늘어난 셈이죠. 안 되겠다 싶어 제목이 재미있고, 표지가 눈에 띄는 것부터 비치해 보았습니다. 그리고 읽고 정말 마음에 들었다면, 친구에게 추천하는 활동지를 써오게 했습니다. 보상으로 칭찬 스티커를 주며 가정에서도 책 읽는 습관이 자리 잡길 바라는 마음이었습니다.

처음에는 손에 꼽을 정도의 아이들만 관심을 보이더니 점점 집으로 책을 빌려가는 횟수가 늘어나기 시작했습니다. 그리고 친구에게 추천하는 활동지를 학원 벽면에 게시하자 아이들의 눈길을 끌기 시작했습니다. 게시판에 예쁜 그림과 함께 나만의 문장을 써온 아이들, 글씨를 예쁘게 쓴 아이들의 활동지를 보고 "나도 한 번 해볼까?"라고 생각하는 아이들이 많아졌습니다.

엄마가 고른 책보단
아이가 고른 책으로

아이들이 집으로 대여해 갈 수 있는 추천도서가 한 달에 40권 가까이 되자 글이 긴 책들로 도서 수준을 좀 더 높여 비치해 놓기 시작했습니다. 그런데 몇 달이 지나자 한 아이가 이렇게 이야기했습니다.

"엄마가 도연이는 사회, 과학 영역의 책을 많이 빌린다고 저도 같은 책 빌려오래요. 전 다른 책 읽고 싶은데요."

도연이의 어머니는 교육열이 높은 분이었습니다. 추천 도서는 이미 어른들의 눈으로 '좋다'라고 평가된 책입니다. 그런데 그 추천 도서들 중에서도 책 선택권이 엄마에게 있다는 사실에 안타까운 마음이 들었습니다. '추천'이라는 틀이 이미 아이들의 자율성을 제한했지만, 그 안에서 또 한 번 엄마가 고른 책으로 아이들의 선택권이 좁혀졌기 때문입니다.

어떤 아이는 스스로 책장에 있는 꽂힌 책을 넘기며 "이건 재미있겠는데?", "이 책은 내 스타일이 아니야"라며 말하며 자신의 원하는 책을 스스로 고릅니다. 하나하나 살펴보며 고른 책에 대해 자신의 독서 취향을 서서히 알아갑니다.

옆에서 지켜 보니 빌려간 책을 깊이 몰입해서 읽고, 재미있는 책은 활동지에 추천서를 적어 오는 아이들에게는 조금씩 변화가 생겼습니다. 관심 있는 분야의 책을 좀 더 확장해서 새롭게 연결되는 책을 고르기 시작하며 저마다 독서 경험을 확대하기 시작했습니다.

아이들마다
관심과 성향이 다르다

저는 추천 도서가 모든 아이에게 중요한 도서가 아니라는 생각이 듭니다. 아이들마다 관심과 성향이 다르기 때문입니다. 어떤 아이는 고난을 극복한 위인전을 좋아하고, 어떤 아이는 모험이 가득한 탐정 소설을 좋아합니다. 누군가는 동화책을 좋아하지만, 과학과 지식 정보를 담은 사회, 과학 도서를 좋아합니다.

승우는 로봇과 공룡을 좋아하는 초등학생 1학년 아이입니다. 책도 주로 공룡에 관한 자연관찰 책이나 로봇 이야기를 골라 읽습니다. 어느 날 엄마가 학교 추천 도서 목록에서 뽑은 위인전을 권했습니다.

"승우야, 이 책 읽어봐. 선생님이 추천하셨대."

하지만 승우는 책을 몇 장 넘기더니 금세 덮어버렸습니다.

"엄마, 이건 재미없어. 공룡 책 읽을래."

아이들은 자신의 관심사에 따라 책을 선택하고 싶어 합니다. 추천 도서 목록은 대다수를 위한 기준으로 선정됩니다. 교육적인 효과나 문학적인 가치가 우선적으로 고려되기 때문에 모든 아이의 취향이나 관심사가 반영되기 어렵습니다.

교사와 부모들은 아이들이 책을 읽으며 지식을 습득하고, 사고하며 안정적인 정서 발달을 기대합니다. 그런데 초등 아이들에게 독서가 꼭 목표 지향적인 활동이 아닐 수 있다는 점을 기억해야 합니다. 누군가는 단순히 표지가 재미있어서 책을 펼치고, 새로운 세상에 대한 호기심으로 책장을 넘겨보기도 합니다.

아이가 접근할 수 있는 장소에 추천 도서가 비치되어 있다면, 그 선택권은 아이에게 주세요. 스스로 고른 책으로 독서의 즐거움을 경험하는 것이 더 중요합니다. 초등학생 저학년 시기는 읽기의 즐거움을 알아가는 시기입니다. 스스로 고른 책이 재미있어야 하고, 몰입할 수 있는 도서여야 합니다. 한 번 고른 책이 재미있게 느껴졌다면, 아이는 관련된 도서를 스스로 찾을 것입니다. 아무리 부모가 권유하고, 독서를 시키고 싶어도 아이가 재미를 찾지 못한다면 지속성은 낮아질 수밖에 없습니다.

책 선택의 주도권을 아이에게 맡길 때 비로소 독서가 아이의 것이 됩니다. 공룡 책, 그림만 가득한 책, 로봇 책도 그 아이에게는 소중한 독서의 시작입니다. "이 책 읽어봐야지"라는 지시의 말 대신 "어떤 책이 좋아?"라고 물어보세요. 이러한 대화가 쌓일 때 아이는 스스로 선택하는 방법을 배웁니다.

오늘은 아이가 어떤 책을 읽고 읽는지 가만히 지켜봐 주세요. 그리고 책을 읽는 동안 아이의 표정, 몰입하는 모습을 살펴보며 관심과 흥미가 어느 정도인지를 확인하면 됩니다. 다음 번에 아이와 함께 도서관이나 서점에 갔을 때 아이가 관심 있어 하는 책의 영역에서 다른 책을 고를 수 있게 해 주세요. 아이는 자신 있게 읽고 싶은 책을 선택할 것입니다.

아이와 함께 책을 고르는 법

아이와 함께 책을 고를 때는 한 발 물러서 주세요. 아이가 엄마의 선택에 영향을 받지 않고, 스스로 고를 수 있도록 도와주는 것이 중요합니다.

1단계: 아이의 요즘 흥미와 관심사 묻기
엄마 요즘 뭐할 때가 가장 재밌어?
요즘 관심 있는 게 뭐야?

2단계: 서점이나 도서관을 같이 둘러보기
서점과 도서관을 같이 둘러보며 표지와 제목의 느낌을 물어보세요.

3단계: 함께 책 살펴보기
표지와 첫 장, 중간 장을 펼쳐서 글과 그림의 양, 문장의 난이도 등을 함께 살펴보세요.

4단계: 아이가 고른 책을 존중하기
엄마 정말 재미있겠네!
좋은 책을 선택했어!

5단계: 아이가 고른 책과 비슷한 분야의 책 제안하기
엄마 다음에는 이 책도 읽어 볼까?
이 책도 재미있겠다!

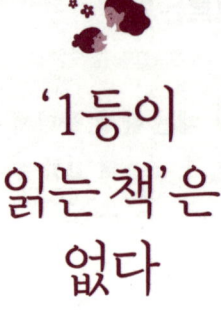

'1등이 읽는 책'은 없다

어느 날 초등학교 4학년 은주 엄마가 아이 책상 위에 두툼한 책 한 권을 올려놓습니다.

"이거 서윤이가 요즘 읽는 거래. 학원 선생님도 추천하셨대."

《초정리 편지》라는 책이었습니다. 아이는 책이 눈에 들어오지 않고, 200쪽이 넘는 두께에 한숨이 나옵니다.

"엄마, 이거 제목부터 무슨 말인지 모르겠어. 너무 두꺼워요."

"그래도 읽어봐. 서윤이는 다 읽고 독후감까지 적었다는데?"

이렇게 대화는 끝이 났습니다. 책은 아이의 책상 위에 놓인 채, 다시 펼쳐지지 않습니다.

많은 학부모님들이 "반에서 1등 하는 친구는 저 책을 읽는데, 우리 아이도 읽어야 하지 않을까?"라고 생각합니다. 성적이 좋은 아이의 독서 습관이나 추천 도서를 자연스럽게 따라 하고 싶어집니다. 아이에게 어떤 책이 도움이 될까를 고민하는 과정에서 '1등이 읽는 책'은 매력적으로 다가옵니다. 그래서 같은 반 학부모 모임에 나가 도서 목록을 수소문하고, 누가 추천했는지, 어느 출판사에서 나왔는지 꼼꼼하게 살펴봅니다.

하지만 여기서 한 걸음 멈춰 생각해 보세요. 그 책이 내 아이에게도 통하는 책일까요? 모두가 똑같은 교육 효과를 볼 수 없습니다. 1등인 아이에게는 궁금증을 풀어주고 재미있는 책이 되었을지 몰라도 내 아이에게는 낯설고 어려운 어휘로만 가득한 책일 수 있습니다. 책 한 권이 마음에 줄 수 있는 울림은 아이가 현재 무엇에 관심이 있고, 어떤 질문을 하고 싶은지에 따라 전혀 다릅니다.

만약 아이가 실패한 경험 때문에 힘들어한다면, 다시 도전하는 주인공의 이야기가 위로가 될 수 있습니다. 로봇에 관심이 많다면 로봇 발달로 벌어지는 미래의 모습과 관련된 과학 도서가 흥미를 끌 수 있습니다. 때로는 교과 영역과 무관한 이야기책 하나가 아이의 자존감과 사고력을 확장시키며 학습에 대한 태도까지 변화시키는 역할을 하기도 합니다. 책은 아이의 마음을 움직이는 통로로서 역할을 해야 합니다.

"어떤 생각을 했어?"라고 질문해 주세요

"이 책 읽어봐."
"이해는 했어?"

부모는 자주 아이에게 이런 말을 던집니다. 그러나 책을 권유하고, 다 읽었는지가 중요한 게 아니라 책을 읽고 아이가 어떤 생각을 했는지가 중요합니다. 한 권을 읽고도 아이가 자기 이야기를 할 수 있다면 책은 이미 아이 마음에 도달한 것입니다.

아이는 각자의 속도로 책을 만납니다. 현재 아이들을 만나면서도 아이마다 다른 도서 레벨을 적용해 책을 읽고 이야기를 나눕니다. 같은 책이지만 어떤 아이는 단숨에 읽고, 어떤 아이는 쉽게 빠져들지 못하며 페이지가 잘 넘어가지 않습니다. 이 차이는 독서 능력뿐 아니라 아이의 정서나 관심사, 배경지식 등 다양한 요소에 따라 달라집니다.

한 장면을 오래 머무르며 상상하고 감정을 되새기며 천천히 읽는 아이도 있습니다. 빠르게 눈으로 훑으며 줄거리를 이해하는 아이도 있습니다. 아이마다 속도의 차이를 인정하지 않고 타인의 기준으로 독서를 재촉하면 곧 부담으로 다가옵니다. 책은 순위로 나눠지는 것이 아니라 아이에게 맞는 온도로 다가가야 합니다.

1등 책장이 아닌, 우리 집만의 책장을 채워주세요

아이에게 힘이 되는 책은 우리 반 1등이 읽은 책이 아닙니다. 아이 스스로 다시 꺼내보고 싶은 책입니다. 책을 읽고 엄마는 질문을 하며 아이가 관심 있는 책으로 우리 집 책장을 채워주세요. 지금 우리 아이에게 '말을 거는 책'을 함께 찾아주는 것이 시작입니다.

  공부를 잘하는 아이들은 단순히 어려운 책을 골라서 읽는 것이 아니라 책에서 지식을 꺼내서 생각하고, 그 생각을 자기 것으로 연결하는 힘을 조금씩 키워 갑니다. 그러한 힘은 책의 수준이나 두께, 제목으로 결정되지 않습니다. 아이가 책을 어떻게 읽고, 어떤 대화를 나누며 마음속에 무엇을 남겼는지에 따라 사고의 폭이 확대됩니다.

  1등 아이가 읽는 책을 그대로 따라 하려고 하기보다 그 책이 왜 그 아이에게 잘 맞았는지, 어떤 영향을 줬는지를 들여다볼 필요가 있습니다. 현재 내 아이는 지금 어떤 고민을 하고 있고, 질문을 품고 있는지를 바라보는 것이 시작점입니다. 아이가 마음속에 품고 있는 질문과 연결되는 책을 찾아주세요.

  아이에게 맞는 책은 아이가 머물러 있는 자리에 조용히 다가와 마음을 어루만져 주기도 합니다. 부모는 아이와 함께 한 문장에 웃고, 장면에 멈춰 서서 대화할 수 있는 든든한 독서 친구가 되어 주세요. 우리 아이의 마음의 온도에 맞는 책장을 함께 만들다 보면 그 여정 속에서 생각을 표현할 수 있는 어엿한 아이로 성장할 것입니다.

비교의 말 대신 바꾸면 좋은 말

우리 반 1등이 읽는 책이 내 아이에게 좋을 것이라는 보장은 없습니다. 오히려 문장을 이해하지 못할 수 있죠. 그럴 때 답답해하지 말고, 비교 대신 다정한 말을 건네주세요.

비교의 말

엄마 너도 ○○처럼 이 책 꼭 읽어야 해.
○○는 벌써 이런 책 다 읽었다더라.
이 책 읽어야 너도 똑똑해지지.

바꾸면 좋은 말

엄마 너한테도 이 책이 재미있을지 궁금해.
넌 네 속도로 잘하고 있어.
이 책에서 어떤 이야기가 나오는지 같이 살펴볼까?

아이의
진짜 속마음을
마주하는 시간

초등학교 3학년 지연이의 엄마는 늘 마음이 조마조마합니다. 지연이가 학원을 마치고 집에 오자마자 "오늘 뭐 읽었어?"라고 질문합니다. 그리고 집에서 나눈 아이와의 대화가 만족스럽지 않으면 다음날 바로 학원으로 전화가 걸려옵니다.

"우리 아이가 수업 시간에 생각을 제대로 이야기하지 못하지 않나요?"
"요즘 자꾸 멍하니 있는 것 같은데, 무기력한 건 아닌가요?"

지연이는 엄마의 기준에서 보면 늘 2퍼센트 부족한 아이였습니다. 책을 읽으며 단숨에 다양한 정보를 기억하고 이해하는 능력이 뛰어난 아이였습니다. 하지만 엄마의 눈에는 생각을 확장하고 글을 쓰는 것에는 소질이 없는 것처럼 보였습니다. 엄마는 늘 아이가 더 생각을 확장해 근사한 문장과 언어로 표현하길 원했습니다.

하루는 지연이의 엄마가 오늘 대화 나눈 내용의 활동지를 보고 싶어 해 "오늘은 활동한 내용 집에 가져가서 엄마 보여 줘"라고 말하자 아이의 눈빛이 달라집니다.

"아, 그럼 안 되는데요?"
"왜?"
"엄마가 안 보는 줄 알아서 그동안 대충 쓴 것도 많은데요."
"선생님 보기에는 지연이 지금까지 열심히 했는데?"
"아니에요. 오늘은 진짜 글씨도 예쁘게 쓰고 가득 채워서 써야겠다."

지연이는 늘 학습 욕구가 강하고, 늘 교사의 말을 잘 따르는 아이였습니다. 그런데 엄마를 늘 무서워했습니다.

"나는 잘하고 있다고 생각했는데 우리 엄마는 아닌가 봐요."
"엄마도 제가 얼마나 힘든지 알아야 해요."

무심코 내뱉은 지연이의 말에서 안타까운 마음이 느껴집니다. 물론 지연이의 엄마는 지연이를 사랑하지만, 걱정이 너무 지나쳐 지연이를 '부족한 존재'라고 오해하고 있었습니다. 하지만 지연이는 성장하고 있고, 자기 나름대로 속도로 세상을 이해하고 있습니다. 중요한 것은 그 과정을 믿고 기다려 주는 어른의 시선입니다.

"엄마가 원하는 내가 되긴 싫어요!"

초등학교 2학년 세연이는 어렸을 때부터 영재 교육을 받은 학습 욕구가 강한 아이입니다. 그런데 어느 날 교실에서 갑자기 울음을 터뜨렸습니다.

"집중이 안 되잖아! 네 목소리 너무 크다고!"

옆에 앉은 친구를 가리키며 예민한 반응을 보였습니다. 저는 아이의 감정 상태가 심상치 않다고 느껴 어머니께 전화를 걸었습니다. 어머니는 힘없는 목소리로 대답했습니다. 지연이는 최근 소아불안증 진단을 받았다고 합니다. 겉으로는 수업에 잘 적응하는 아이였지만, 다섯 살부터 매일 학원에 다녔다고 합니다. 과도한 사교육이 이어지며 마음 속 깊은 곳에서는 "엄마를 실망시키면 안 된다"라는 압박감에 눌려 있었던 것입니다.

세연이는 기본 교과목은 물론 첼로와 아이스하키, 줄넘기 등 매일 학교 하원 후 학원과 함께하는 일상을 보냈습니다. 수업시간에 본 아이의 얼굴엔 피곤함이 늘 가득했지만, 자신의 속마음을 이야기하지 않고 수업을 조용히 따라오곤 했습니다. 아이는 너무 오래 참고 있었습니다. 얼마 후 세연이는 더 이상 학원에 나오지 않았습니다.

생각이 느린 게 아니라 깊은 거예요

민우는 1학년 남자아이입니다. 수업 시간에 질문을 해도 한참을 고민하다가 느리게 대답하는 편입니다. 엄마는 아이가 내성적이고, 늘 자신감이 부족하다고 여겼습니다. 책을 읽고 이야기하던 어느 날, 엄마는 아이에게 물었습니다.

"왜 대답을 그렇게 늦게 해?"

민우는 천천히 대답했습니다.

"생각할 시간을 갖는 거예요. 그냥 대답하면 틀릴 수 있으니까요."

엄마는 그제야 알았습니다. 저도 어머니와 상담을 하며 민우의 반응을 전달받습니다. 민우는 말과 생각이 느린 게 아니라 '더 정확히 말하고 싶어' 했습니다. 스스로 생각하는 시간을 갖고 싶은 아이라는 것을 이야기하니, 그제야 엄마는 안도의 한숨을 쉬었습니다. 엄마의 눈길 속에서는 놓치기 쉬운 민우의 마음이 침묵 안에 있었습니다. 어머님도 아이의 이러한 모습을 발견하시곤, 재촉하지 않으려 노력하고 계신 것 같았습니다. 저에게도 "천천히 그렇게 생각을 꺼낼 수 있게 도와주세요"라고 전하셨습니다.

제가 지켜본 아이들은 자꾸만 "엄마, 나 괜찮아"라고 말합니다. 하지만 아이의 엄마는 그 말의 깊은 마음에 어떤 마음이 자라나고 있는 줄 모르고, 더 잘하길 바라는 마음에 걱정을 먼저 앞세웠던 것은 아닐까요? 아이들은 부족한 게 아니었습니다. 아직 말로 다 표현하지 못했을 뿐 아이는 자기만의 세계를 열심히 살아가고 있었습니다. 가끔 피곤해 멍하니 있는 것도, 느린 대답도, 글씨가 삐뚤삐뚤한 것도 아이가 보내는 작은 신호들이었습니다.

아이들에게 가장 필요한 말은 다음과 같을지도 모릅니다.

"엄마는 네가 어떤 모습이어도 늘 널 믿고 있어."

이 말 한마디가 아이의 마음을 다시 움직이게 하는 빛이 됩니다. 아이는 그 빛 아래에서 자기만의 속도로 더 단단하게 자라기 시작할 것입니다.

대답이 느린 아이를 대하는 방법

1단계: 재촉하지 않고 아이가 생각할 시간 주기
질문을 한 뒤 아이가 생각할 수 있게 1분간 침묵을 지켜주세요. 아이가 계속 불안해한다면, 천천히 생각해도 괜찮다고 말해 주세요.

2단계: 아이의 비언어적인 표현 관찰하기
아이의 표정이나 몸짓 등 비언어적인 표현으로 이야기하는 순간을 관찰하며 아이의 상태를 확인해 주세요.

3단계: 단서 제공하기
아무리 기다려도 아이가 말을 하지 않는다면, 질문을 구체화할 수 있는 단서를 엄마가 제공해 주세요. 예를 들어 "너라면 어떻게 했을 것 같아?", "주인공은 왜 이런 느낌이 들까?"라고 질문하며 아이가 생각할 수 있는 시간을 주세요.

4단계: 짧은 대답이라도 표현으로 받아들이기
아이가 "그냥 재미있었어"라고 짧게 말해도 말 속에 담긴 감정을 표현으로 받아들여 주세요.

5단계: 진심으로 들어주기
아이가 말을 꺼낼 때 만족할 만한 답변이 아니더라도 고개를 끄덕이며 진심으로 들어주는 태도를 보여 주세요.

· 에필로그 ·

아이에게 다정한 한마디를 건네주세요

그동안 아이들과 함께하며 저 스스로도 울고 웃던 날들의 연속이었습니다. 기자의 직업을 내려놓을 당시만 해도 몸과 마음의 병을 얻으며 모든 게 무너졌다는 생각이 들기도 했습니다.

운동을 시작하며 몸과 마음을 단련하고, 새롭게 원점으로 돌아가기로 마음먹었습니다. 제가 어릴 적 책을 읽으며 자유롭게 상상하고, 대화하던 기쁨을 쌓던 시간을 다시 경험해 보기로 말이죠. 그리고 제가 느꼈던 즐거움을 아이들에게도 알려 주고 싶었습니다.

강사로 첫 발을 디딜 때만 해도 다시 제가 글을 쓸 수 있을지, 이 일을 오래 할 수 있을지 알 수 없었습니다. 하지만 첫 교육 기관에서 아이들의 해맑은 웃음을 마주한 순간, 제 안에 머물던 무언가가 조용히 깨어났습니다.

그렇게 하루, 또 하루가 지나고, 이상과 현실 사이에서 때로는 마음이 멀어진 적도 있습니다. 강사로서 부족했던 날들도 많습니다. 좋은 동기 부여를 하는 강사가 되고 싶었지만, 인생에 힘든 일이 겹겹이 올 때면 몇몇 아이들에게는 마음을 다 주지 못했다는 미안함도 길게 남았습니다. 그런데 돌이켜보면, 그 모든 순간들이 점이 되어 하나의 선처럼 연결되었고, 지금의 저는 아이들에게 꼭 건네고 싶은 질문을 수없이 마음에 품고 대화하는 시간을 즐기고 있습니다.

이제는 압니다. 아이 한 명 한 명의 마음속에는 누구에게나 반짝이는 빛이 있다는 것을요. 그 빛을 다정한 언어로 조금만 비춰 주면, 아이는 자신의 생각을 꽃피우기 시작합니다. 교실 속 공기가 바뀌고, 아이들의 눈빛에도 봄이 스며듭니다. 이 변화는 모두 말의 온기로부터 시작된 것이었습니다.

이 책에 나온 대화 사례들이 너무 모범적으로 느껴져 움츠러드는 분이 계신다면, 걱정하지 않으셔도 됩니다. 현실의 아이와의 대화는 언제나 예측할 수 없고, 엉뚱하며, 때로는 엇나가기도 합니다. 하지만 괜찮습니다. 중요한 것은 그 순간, 아이를 다정하게 바라보는 마음과 기다려 주는 시간입니다. 아이의 독서력은 정답을 말해 주는 훈련이 아니라 틀린 이야기도 포근히 품는 태도 속에서 자랍니다.

아이의 마음을 끝까지 들어주고 기다려 주는 존재, 그 한 사람이 되어 주세요. 아이는 그 믿음 안에서 용기를 얻고, 언어로 새로운 세상을 만납니다.

사교육 강사가 엄마의 질문을 강조하는 것이 의아하게 느껴질 수 있습니다. 처음에는 아이들의 성장을 꾸준히 오래 지켜볼 수 없다는 강사의 아쉬움 때문에 글을 쓰기 시작했습니다. 학원에서는 한 아이를 몇 년간 지켜볼 수 있는 상황이 그리 많지 않습니다. 제가 볼 수 없는 그 시간에도 아이들이 재미있게 독서하기 바라는 마음으로 글을 썼습니다. 정형화된 교육 시스템 안에서 아이들에게 던지고 싶은 질문을 차곡차곡 제 안에 쌓아 두었습니다.

책을 읽는 힘, 독서력은 단지 글을 읽고 이해하는 능력이 아닙니다. 그것은 스스로의 마음을 읽고, 생각을 다지고, 세상과 나를 잇는 다리입니다. 그 다리는 어른의 다정한 말 한마디에서 시작됩니다.

매일 아침 아이에게 가장 먼저 말을 건네는 사람은 부모입니다. "잘 잤니?", "오늘 어떤 하루를 보내볼까?"로 시작된 짧은 말들이 어쩌면 아이에게 더 깊은 울림이 됩니다. 책을 읽으며 나누는 대화도 마찬가지입니다.

"오늘 어떤 장면이 기억에 남았어?"
"이 문장은 너한테 어떤 느낌이야?"

그 짧은 물음은 아이의 마음을 여는 열쇠가 됩니다. 틀렸다는 말 대신 "그렇게 생각할 수도 있구나"라는 말을 건네주었을 때, 아이의 눈빛은 놀랍도록 달라집니다.

독서력은 스스로의 언어로 세상을 이해하고 살아갈 수 있는 힘입니다. 초등 저학년의 시간은 그 힘의 씨앗을 심는 시기입니다. 아이가 혼자 고민하기보다는 부모와 교사와 함께 대화하며 자라는 힘. 그것이 진짜 읽는 힘을 키울 수 있는 시작이 될 수 있다고 자신합니다. 책 한 권을 두고 아이와 웃으며 나눈 말 한마디, 그 한마디는 아이의 마음속에서 잔잔한 파동을 일으킵니다. 그 파동은 점점 자라 아이가 세상을 읽는 눈이 됩니다. 작은 한마디가 아이의 생각과 행동을, 내일을 바꿉니다. 그리고 언젠가 어른이 되어, 누군가의 말을 기다릴 때 이렇게 말할 수 있을 것입니다.

"나도 엄마와 그런 대화를 나눈 적 있어. 그래서 지금의 내가 된 거야."

참고 도서

- 이한샘, 《그림책 질문수업》, 학교도서관저널
- 박명선, 《초등 어휘력이 공부력이다》, 한빛라이프
- 심영면, 《초등 독서의 모든 것》, 꿈결
- 강승임, 《꼬리에 꼬리를 무는 엄마표 독서 기차》, 리더스 하우스
- 필립 브라쇠르, 《책과 노는 아이》, 한울림
- 한복희, 《우리집엔 책 읽어주는 엄마가 있단다》, 한국경제신문i
- 오선균, 《기적의 초등 독서법》, 황금부엉이
- 이주영, 《책 사랑하는 아이 부모가 만든다》, 고래가숨쉬는도서관